I Quaderni di Funes

Gianfranco Pecchinenda

Fingere per davvero
Scritti su Emmanuel Bove e altre menzogne

Funes
1

I Quaderni di Funes
Numero 1
2014
Napoli

Gianfranco Pecchinenda
Fingere per davvero (I)
Scritti su Emmanuel Bove e altre menzogne
Pagine 105 – cm. xx
ISBN – 978-1-291-56134-0

Indice

Introduzione
L'evoluzione e l'arte della finzione

Secondo una certa interpretazione teorica – interpretazione peraltro diffusa anche tra molti studiosi di scienze sociali, e che io tento di combattere perché la ritengo dannosa e fuorviante – la letteratura, le opere di fiction, e un po' tutta l'arte in generale si caratterizzerebbero per la loro mancanza di un "fine pratico". Si tratta di un tipo d'interpretazione che nel corso del tempo ha dato vita a visioni della realtà ed anche a tesi di carattere più o meno elaborate, dalle incerte origini romantiche, che per quanto mi riguarda risultano essere essenzialmente false.

Al contrario, bisognerebbe partire dalla seguente considerazione: la storia ci insegna che solo ed esclusivamente nelle società che sono riuscite ad organizzarsi in modo tale da produrre un certo benessere materiale e, diciamo pure, una certa prosperità collettiva, le opere d'arte e di finzione sono state valutate ed apprezzate in quanto tali: oggetti di mercato, suscettibili di essere comprati o venduti, ma il cui valore è assolutamente indipendente da una loro qualsivoglia utilità pratica.

E questo proprio perché, diversamente da quanto sostengono i nostri ingenui interpreti di cui sopra, l'arte è un prodotto che caratterizza e rende autenticamente umani quegli esseri che, da un punto di vista evoluzionistico, sono riusciti a superare il puro e semplice livello della sopravvivenza. Il fatto che l'arte esista dappertutto – le diverse società hanno conosciuto e sviluppato i suoi diversi generi in modi sostanzialmente simili – dovrebbe se non altro farci intuire con maggior chiarezza la sua straordinaria funzione adattativa dal punto di vista della selezione naturale.

Un adattamento sorprendente, non meno utile dell'ossidiana, del silicio, dell'organizzazione familiare o dell'invenzione della scrittura. "Perché l'arte – come sostiene il raffinato intellettuale messicano Jorge Volpi –

e specialmente l'arte della fiction, ci aiuta a indovinare i comportamenti degli altri e a conoscerci a noi stessi, il che presuppone un grande vantaggio di fronte alle specie meno coscienti di se stesse". In pratica: "L'arte non è soltanto una prova della nostra umanità: siamo umani grazie all'arte".[1]

Lo stesso vale per la letteratura e, più in generale, per la fiction. I meccanismi cerebrali attraverso i quali ci avviciniamo alla realtà sono sostanzialmente identici a quelli che utilizziamo nel momento in cui dobbiamo elaborare o apprezzare un'opera di fiction. Noi non percepiamo semplicemente il nostro ambiente, ma lo ricreiamo, lo manipoliamo e lo riordiniamo continuamente nell'oscura interiorità dei nostri cervelli – non solo come testimoni, ma come artefici della realtà. Riconoscere il mondo e inventarlo sono meccanismi paralleli difficilmente distinguibili (anche dal punto di vista prettamente cerebrale).

La fallacia del Senso Comune

Tuttavia, come faceva a suo tempo notare il grande Karl Raimund Popper, la forza del *Senso Comune* tende a sostenere la fallace idea secondo la quale il nostro cervello – da lui definito "mente recipiente" – si comporti nei confronti del mondo esterno come una sorta di vaso "vuoto e neutrale", da riempire con i contenuti (anch'essi paradossalmente neutrali) provenienti dal cosiddetto mondo esterno.

Il senso comune – sosteneva più precisamente Popper – è da considerarsi sempre il punto di partenza della nostra conoscenza del mondo. Esso fornisce le basi sulle quali sono state edificate, ed ancora oggi vengono erette, le più diffuse teorie filosofiche della conoscenza. Tuttavia, pur riconoscendone la centralità "pratica" – e si tratta di un aspetto estremamente importante ai fini del nostro discorso – il senso comune e tutte le teorie del senso comune, non possono essere accettati acriticamente da un punto di vista sociologico. "La teoria del senso comune – egli scrive – è semplice. Se tu o io vogliamo conoscere qualcosa non ancora nota sul mondo, dobbiamo aprire gli occhi e guardare intorno. E dobbiamo drizzare le orecchie e ascoltare i rumori, e specialmente quelli fatti da altre persone. Così i nostri vari sensi sono le fonti della nostra conoscenza – le fonti o ingressi della nostra men-

---

[1] Jorge Volpi, *Leer la mente. El cerebro y el arte de la ficción*, Alfaguara, Madrid 2011, p. 15

te." In molteplici occasioni – come detto – Popper ama definire tale paradigma come *teoria della mente-recipiente*.

La tesi più importante di tale teoria è basata sull'idea che l'uomo impara tutto, o almeno la maggior parte di ciò che impara, "attraverso l'ingresso dell'esperienza delle nostre aperture sensoriali; cosicché tutta l'esperienza consiste di informazioni ricevute attraverso i sensi." Popper sostiene che tale teoria della mente-recipiente sia sostanzialmente erronea e fuorviante, oltre che ingenua in tutte le sue possibili versioni. In sintesi la teoria della conoscenza del senso comune, così come l'abbiamo appena descritta, conterrebbe i seguenti errori principali: a) vi è una conoscenza nel senso soggettivo, che consiste di disposizioni e aspettative; b) vi è anche una conoscenza nel senso oggettivo, conoscenza umana, che consiste di aspettative linguisticamente formulate assoggettate alla discussione critica. *La teoria del senso comune – e le teorie della conoscenza che si basano su di essa – non riesce a vedere che la differenza tra tali modalità della conoscenza è del più ampio significato.*

In effetti, non si può evitare di riconoscere, anche solo basandosi su di una prima e superficiale riflessione, come tutta la nostra conoscenza sia in realtà impregnata di teoria fin dal principio. Non si può evitare di riconoscere – come direbbe Popper – che *tutta la conoscenza umana è sempre di carattere congetturale*.

Fiction ed Evoluzione

Il primo punto cruciale è esattamente il seguente: tutta la nostra conoscenza è sostanzialmente di tipo *congetturale*.

Ne consegue che se il nostro cervello, a un certo punto della nostra storia evolutiva, si è così sviluppato, ingrandendosi in maniera addirittura sproporzionata rispetto al resto del corpo, è stato per renderci capaci di reagire meglio e in modo più immediato di fronte alle minacce esterne. Detto in altri termini: ci ha resi esperti nel generare conoscenze di carattere congetturale sempre più affidabili. È questo il meccanismo che ha reso effettivamente possibile un enorme e imprevedibile *salto evolutivo*, che nessun'altra specie ha perfezionato con la stessa intensità, e che a un certo punto ci ha consentito osservarci a noi stessi e convincerci che, in qualche parte della nostra interiorità, esista un centro, un *io* che ci struttura, ci controlla, ci rende quello che siamo. L'Io sarebbe sorto, in questo caso, come una specie di *homunculus*.[2] L'arte, ma soprattutto l'arte della narrazione e della fiction, in questo senso, avrebbe rappresentato lo strumento evolutivo necessario di cui l'uomo si è dotato per generare e gestire la conoscenza congetturale. Proviamo a vedere in che modo.

La narrazione – come è noto – è il modo principale attraverso il quale gli esseri umani organizzano e costruiscono il proprio rapporto con la temporalità[3] e – attraverso la sua "grammatica" – è il modo che rende possibile la creazione di una "realtà" o di un "mondo" *possibile* e non necessariamente certo, oggettivo o verificabile empiricamente.

Secondo una suggestiva intuizione di George Steiner *il tempo*, e in particolare la percezione umana del *tempo futuro* ("la capacità di discutere fatti che potrebbero succedere il giorno dopo il proprio funerale o fra un milione di anni nello spazio interstellare"), sarebbe una caratteristica apparsa relativamente tardi nell'evoluzione del linguaggio umano. E, cosa a mio avviso del massimo interesse, lo stesso vale per il congiuntivo e per i modi controfattuali collegati ai tempi futuri. «Soltanto l'uomo – scrive Steiner – per quanto possiamo concepire, dispone dei mezzi per modificare il proprio mondo attraverso le *subordinate ipotetiche*, generando espressioni come: "se Cesare non si fosse recato al Campidoglio quel giorno". Mi sembra che questa "grammatologia" immaginaria, formalmente incommensurabile, dei futuri verbali, dei congiuntivi e degli ottativi abbia svolto un ruolo indispensabile, ieri come oggi, per la sopravvivenza e per l'evoluzione dell'*animale linguistico*».[4]

Sulla base di tali considerazioni, l'asse della ricerca contemporanea sembrerebbe evidenziare un tendenziale spostamento da un orientamento di carattere prevalentemente ontologico ad uno fondato principalmente sui processi relazionali e comunicativi; ovvero una ricerca orientata non più verso un'analisi descrittiva e formalizzata di determinati *modi dell'essere*, ma verso un'analisi narrativa delle *intenzioni dell'essere* nell'ambito di una realtà da coniugare "al congiuntivo". Ovvero a quel modo grammaticale le cui forme – come ha spiegato molto efficacemente Jerome Bruner – «vengono usate per denotare un'azione o

---

[2] Gianfranco Pecchinenda, *Homunculus. Sociologia dell'identità e auto narrazione*, Liguori, Napoli 2008
[3] Cfr. soprattutto l'opera di Paul Ricoeur.
[4] George Steiner, *Grammatiche della creazione*, Garzanti, 2003, p. 11.

uno stato così come vengono pensati (e non come un fatto), e perciò è usato per esprimere un desiderio, un ordine, un'esortazione, oppure un evento contingente, ipotetico o previsto».[5] Questa cosiddetta *congiuntivizzazione* della realtà implicherebbe a sua volta la produzione di un universo di riferimento in cui abbiamo a che fare non più con delle stabili certezze ma con delle ipotetiche possibilità umane; quelle denotate dagli ottativi, dai modi grammaticali del desiderio che *aprono il carcere della necessità fisiologica e delle leggi meccaniche*. Secondo una felice espressione di Milan Kundera, si tratta di porre al centro dell'attenzione non tanto la cosiddetta *realtà* ma l'*esistenza*. E quest'ultima non è necessariamente limitata a ciò che si è effettivamente realizzato, ma diventa «il campo delle possibilità umane, di tutto quello che l'uomo può divenire, di tutto quello di cui è capace».[6]

Il passaggio da questi temi a quelli, tanto delicati quanto affascinanti, relativi al rapporto tra "*fiction* e *realtà*", è estremamente breve. E questo a maggior ragione se si convoca al tavolo dei nostri relatori una mente acuta e saggia del calibro di Jorge Luis Borges per riflettere, attraverso le sue parole, sul fatto che: «se pensiamo a un personaggio storico del passato, ad esempio Alessandro il Macedone, e se pensiamo a un personaggio della letteratura come Macbeth, non pensiamo ad essi in modo distinto. Vale a dire, alla lunga, tutti gli esseri diventano memoria, non soltanto gli esseri in carne ed ossa, ma anche quelli della letteratura. Noi stessi, dopo la nostra morte, saremo tanto reali o irreali quanto lo sono i personaggi letterari. E nel caso di persone famose, queste possono esserlo anche in vita, ovvero possono essere immaginati dagli altri. Non ci sono due modi diversi di immaginare un personaggio (...) e il fatto che uno sia stato creato con le parole e l'altro sia esistito in carne ed ossa non presuppone una differenza: immaginiamo entrambi in modo identico».

È un tema, com'è noto, molto caro ad altre grandissime figure della letteratura degli inizi del Novecento, basti pensare a Miguel de Unamuno e Luigi Pirandello, tra i principali attori di quel vero e proprio manifesto artistico secondo il quale l'idea della finzione narrativa dovrebbe essere considerata il dispositivo più adatto per smussare anche il più effimero dei possibili confini tra la realtà e l'illusione artistica e come

---

[5] Jerome Bruner, *La mente a più dimensioni*, Laterza 2003, pp. 33-34.
[6] Milan Kundera, *L'arte del romanzo*, Adelphi 1988, p. 68.

strumento di indagine non solo filosofico-esistenziale ma anche storica e sociologica.

«Io dico – scriveva il grande Don Miguel de Unamuno, già nel lontano 1927 – che noi, gli autori, i poeti, ci creiamo e ri-creiamo anche quando scriviamo una storia, quando inventiamo, quando diamo vita a delle persone che pensiamo esistano in carne ed ossa, al di fuori di noi. Il mio Alfonso XIII di Borbone e d'Asburgo-Lorena, il mio Primo de Rivera, il mio Martinez Anido, il mio conte di Romanones non sono altrettanto delle mie creazioni, parti di me stesso, di quanto non lo siano il mio Augusto Pérez, il mio Pachico Zabalbide, il mio Alejandro Gomez e tutte le altre creature dei miei romanzi? Tutti noi, che viviamo principalmente della lettura e per la lettura, non possiamo separare i personaggi storici dai personaggi poetici o romanzeschi».[7]

E allo stesso modo, autori quali Camus, Borges o Rulfo, nel raccontarsi e nello sdoppiarsi nelle loro opere, sopravvivono come esseri di finzione di se stessi trasformandosi dalle creature che furono nei personaggi che poi resteranno. Il fatto di dire – come ricordava ancora Don Miguel – che Don Chisciotte e Sancio Panza hanno più realtà storica di Cervantes, e che non fu Shakespeare a creare Macbeth e Amleto o Re Lear, Falstaff e Otello, ma furono tutti questi a creare lui; tutto ciò sembra che non voler entrare nella testa di coloro che hanno studiato la storia senza un minimo di senso storico. E ancora – facendo in particolare riferimento a quanto fortemente condividesse con Pirandello l'idea che gli esseri cosiddetti "di finzione" potranno forse essere meno *reali* degli uomini storici, empirici e fisiologici, ma risulteranno essere certamente più *veri* o, si direbbe oggi, quantomeno più *verosimili*, egli aggiungeva: «Gli eroi di quella che chiamiamo finzione, tutti gli uomini archetipici e creatori – nessuno crea più di un eroe di finzione – non vivono di ciò che si chiama realismo ma della loro verità: quella verità che si affoga nel realismo».[8]

L'homunculus neurofisiologico

Ma anche gli esempi derivanti dal rapporto tra letteratura e scienze quali la neurobiologia e la neurofisiologia del cervello possono risultare

---

[7] Miguel de Unamuno, *Como se hace una novela*, Alba, 1927, pp. 18-19.
[8] Miguel de Unamuno, *Pirandello y yo*, La Nacion, 1923 (oggi ripubblicato in Miguel de Unamuno, *Niebla*, Catedra 2010, pp. 82-85).

estremamente utili per confermare una tale tesi. Prendendo spunto dal lavoro di Oliver Sacks e del celebre neurofisiologo russo Alexandr Lurija, è anzi possibile sostenere che, tra tutte le scienze, la neurologia è forse quella che maggiormente si avvicina alla letteratura: entrambe hanno a che fare con la percezione e i suoi problemi, le sue sfumature e i suoi colori.

Può essere opportuno allora ricordare quanto alcuni lavori di Lurija, e in particolare le sue analisi dei due celebri "casi biografici" raccolti nei volumi *Un mondo perduto e ritrovato*[9] e *Un piccolo libro una grande memoria*,[10] abbiano contribuito in modo assolutamente originale alla comprensione dei complessi rapporti che intercorrono tra neuropatologie e coscienza del Sé. L'asse portante di questi lavori, condotti sulla scia delle brillanti intuizioni del suo maestro Lev S. Vygotskij, era costituito dall'idea secondo la quale le funzioni più elementari del cervello e della mente non sarebbero di carattere esclusivamente biologico, ma fossero invece condizionate dalle esperienze, dalla cultura, dalle relazioni con gli altri e con il mondo circostante. Tale impostazione rappresentava peraltro uno dei pilastri di quella che era stata definita una vera e propria "scienza romantica", in opposizione alla visione classica della scienza dell'epoca che riteneva di dover osservare gli eventi nei termini delle loro parti, isolando i singoli elementi, analizzandoli partendo dai più semplici ai più complessi, formulando leggi e categorie aride ed astratte. Al contrario la visione "romantica" non intendeva né suddividere la realtà né tanto meno ridurre o semplificare – generalizzando – la sua enorme ricchezza, né quella delle sue singole e complesse qualità. Per Lurija restava di fondamentale importanza "preservare integra la ricchezza della realtà vivente", approdando ad un nuovo modo – molto *sociologico* – di pensare alla natura dell'essere umano.

A tal fine, e in particolar modo nei lavori citati, i pazienti vengono presentati nella loro totalità: l'unicità di questi due "romanzi neurologici", come ha scritto Oliver Sacks in un suo saggio introduttivo, «sta nel loro stile, nella combinazione di una descrizione rigorosa, analitica, con una comprensione e immedesimazione profondamente personale con i suoi soggetti».[11] Il primo saggio riguarda le vicissitudini di L. Zasetskij, un uomo ferito durante la seconda guerra mondiale da frammenti di un

---

[9] Alexandr Lurija, *Un mondo perduto e ritrovato*, Editori Riuniti, 1973.
[10] Alexandr Lurija, *Un piccolo libro, una grande memoria*, Editori Riuniti, 1972.
[11] Oliver Sacks, *Introduzione* a Lurija (1972), p. XIII.

proiettile che gli avevano provocato un danno massivo al cervello, e in particolare alla regione occipito-parietale sinistra. Intercalando la voce narrativa del protagonista con digressioni di carattere neuroanatomico sul funzionamento cerebrale, Lurija riesce a raccontarci della devastante disgregazione di specifiche funzioni cerebrali e mentali del paziente, cui corrisponde una drammatica frammentazione che colpisce la sua identità, lacerando praticamente tutti gli aspetti della sua esistenza. «*Nella memoria non c'è nulla* – egli dice – non riesco a ricordare una sola parola. Tutto ciò che è rimasto nella memoria è stato polverizzato, letteralmente frantumato in parti a sé stanti, *senza alcun ordine*». Il suo sé e il suo mondo precedenti sono andati perduti. Allo stesso tempo, poiché i suoi lobi frontali sono intatti, egli è del tutto consapevole della sua situazione ed è capace di compiere gli sforzi più determinati e ingegnosi per migliorarla.

«Questo libro – ricorda ancora Sacks nel suo scritto – non sarebbe stato possibile senza quanto aveva scritto Zasetskij stesso, che per la sua amnesia e afasia gravi (cosicché non era in grado né di leggere né di ricordare ciò che aveva scritto) poteva soltanto mettere insieme dei ricordi e dei pensieri così come venivano, a caso, e con le più strazianti difficoltà e lentezze. Spesso non sapeva ricordare o scrivere del tutto e nei casi migliori riusciva soltanto a scrivere poche frasi al giorno. Ciononostante, con perseveranza e tenacia incredibili, riuscì a scrivere *tremila pagine* in un periodo di venti anni e poi – e questo è il punto cruciale – a metterle insieme e a riordinarle e così a ristabilire e ricostruire la sua vita, realizzando un insieme significativo di questi frammenti».[12] Il modo in cui, ricostruendo il suo proprio racconto, riuscì a riappropriarsi del senso del suo vissuto, del significato della *sua propria* vita, costituisce un esempio straordinario per la comprensione del rapporto tra linguaggio, formazione del Sé e autonarrazione.

Il secondo "caso neurologico" tratto dalle ricerche di Lurija, rappresenta una biografia altrettanto "estrema", che si oppone diametralmente alla prima. Šeraševskij (il protagonista di questo secondo caso) è infatti un *mnemonista*, un uomo che si presenta dinanzi al suo medico con una ipertrofia della memoria particolarmente straripante – che, facendo un parallelo letterario, potrebbe equipararsi al famoso *Funes* narrato da Borges. Anche in questo caso, più che a un arido e astratto rapporto clinico, ci troviamo di fronte ad un'interpretazione umana di che cosa

---

[12] Ivi, pp. XV-XVII.

significhi vivere con una mente che registra meticolosamente ogni dettaglio dell'esperienza senza però essere in grado di cogliere da tale registrazione il significato, di "coglierne il senso". «Sotto questo aspetto – ha scritto Jerome Bruner – l'essenzialità del racconto umano di Lurija è nello spirito dei personaggi di Kafka e Beckett, simbolicamente spogliati del potere di trovare significati nel mondo».[13]

L'argomentazione che Oliver Sacks propone al termine della sua presentazione a questo grande e sottostimato studioso è pregna di significato: in questi lavori – egli scrive – è presente «un concetto generale» che si applica a tutti gli esseri umani, anche se lo impariamo attraverso l'analisi di casi estremi di carattere patologico. Si tratta, a ben vedere, della riproposta di una vecchia lezione già a suo tempo trasmessaci da celebri pensatori come Socrate, Freud o Proust: «che una vita, una vita umana, non è una vita fino a quando non è esaminata; che non è una vita fino a quando non è veramente ricordata e assimilata; e che questo ricordo non è qualcosa di passivo, ma attivo, la costruzione attiva e creativa della vita di un individuo, la scoperta e la narrazione della vera vita di un individuo. È profondamente ironico – conclude Sacks – in questi due libri meravigliosi e complementari, che sia l'uomo della memoria, il *mnemonista*, ad avere in questo senso perduto la sua vita e che sia l'uomo *amnesico*, distrutto, ad averla conquistata e riconquistata».[14]

Un'*identità* diventa tale – si potrebbe dire, a parziale conclusione di questo complesso quanto affascinante discorso –, attraverso l'autocoscienza, *se e solo se* si riesce a trasformare un materiale più o meno grezzo depositato nella memoria (i *ricordi* che in un modo o nell'altro riguardano la vita che si è vissuta), in una storia, *la nostra storia*. La questione, di non poco conto, che talvolta può però emergere a tal proposito, concerne proprio la presunta veridicità dei ricordi e quella – non meno significativa – dei criteri più o meno legittimati, delle "prove" che una collettività richiede per valutarne l'attendibilità e l'autenticità.

L'autocoscienza individuale è, di fatto, un fenomeno caratterizzato da intermittenze e irregolarità. I singoli e circoscritti episodi in cui gli esseri umani, ricollegando i diversi fenomeni autocoscienti, elaborano il loro senso unitario del Sé, non possono che essere spiegati facendo

---

[13] Jerome Bruner, *Introduzione* a Lurija (1973), p. X.
[14] Sacks (cit.), p. XVII.

riferimento, come già evidenziato, alla questione della *narrazione* e dell'*autonarrazione*.[15] Del tutto condivisibile risulta, a tal proposito, la seguente definizione: «L'autocoscienza è una specie di discorso con cui la nostra mente cerca di mettere insieme le diverse esperienze in cui il nostro corpo si trova (e si è trovato) coinvolto per renderle unitarie. L'autocoscienza, in questo senso, è una storia che si costruisce nella nostra mente – basandosi sulle conoscenze in suo possesso, sulle regole del linguaggio, sulle parole di cui dispone, sulla percezione dell'ambiente esterno – e in cui *in qualche modo* trovano posto tutte o quasi, o almeno quelle accessibili, le informazioni di cui la mente dispone».[16] "In qualche modo" perché queste storie, molto spesso, non sono né coerenti né vere, come nel caso delle spiegazioni del proprio comportamento che danno i pazienti che soffrono di determinate patologie di carattere cerebrale. Narrare a se stessi significa in questo senso fornire una *coerenza linguistica* – e dunque un'identità unica di riferimento – alle esperienze in cui ci si viene a trovare nel corso dell'esistenza.

Essere *come se*

Bisogna però fare molta attenzione: se si afferma che l'*Io* non è altro che una fiction elaborata dal cervello, una sorta di fantasia, si finisce per eludere il nucleo della questione: l'*Io* è ciò che produce ordine e coerenza all'esistenza di ognuno; struttura la nostra vita, conferendoci un'identità più o meno nitida; eppure non esiste nessun luogo preciso in cui sia possibile localizzare questo schivo fantasma, questo onnipresente *homunculus*.

Messa così, la questione sembrerebbe essere alquanto inquietante. Una tale affermazione non implica però necessariamente che l'*Io* (o io stesso, mentre sto qui seduto a scrivere questa relazione) non esista; né tantomeno che la realtà non esista. L'unica Realtà che conosceremo è la realtà della nostra mente, una realtà che percepiamo e che, ininterrottamente, riproduciamo. Il punto essenziale di partenza è il seguente: il nostro *senso pratico* (una facoltà che peraltro ci ha consentito di sopravvivere e di dominare il pianeta come specie) ci indica in modo naturale

---

[15] Gianfranco Pecchinenda, *Homunculus. Sociologia dell'identità e autonarrazione*, Liguori, 2008.
[16] Felice Cimatti, *La scimmia che si parla*, Bollati Boringhieri, 2000, p. 217.

che dobbiamo comportarci *come se* la realtà della nostra mente corrisponda, a tutti gli effetti, alla cosiddetta Realtà (quella considerata l'unica Vera Realtà).

L'idea della *fiction*, in un certo senso, è tutta lì: in quel *come se*.

Il *come se* che il nostro cervello applica quotidianamente affinché il nostro corpo si possa muovere in senso pratico nel mondo, affinché possa scoprire nuove fonti di energia o riesca a sfuggire ai predatori e ai nemici. Il *come se* che ci impedisce di inciampare in ogni istante, che ci mantiene in equilibrio e che ci fa evitare di sbattere contro una finestra o cadere giù da una scala. Il *come se* che ci consente di metterci in relazione con gli spettri ambulanti degli altri.

Il *come se* che ci permette di tollerare l'universo immaginario di un romanzo è identico, dunque, al *come se* che ci porta a ritenere che la Realtà sia così solida e vigorosa come quella in cui viviamo. Se la fiction assomiglia alla vita quotidiana è perché *la vita quotidiana è anch'essa una fiction*. Una fiction sui generis, modellata da una fiction di secondo grado – l'idea che la realtà sia Reale – ma comunque una fiction.[17]

In pratica, ciò che sto cercando di sostenere è che il processo mentale attraverso il quale ci facciamo un'idea delle persone Reali con cui interagiamo quotidianamente, o di quelle Reali che conosciamo tramite i resoconti altrui (insomma, la Realtà di tutti i nostri simili), è molto simile (diciamo parallelo, da un punto di vista cerebrale) al meccanismo in base al quale concepiamo e consideriamo persone inesistenti cui possiamo dare una vita immaginaria: dagli eroi dei fumetti a quelli delle favole, dei romanzi, del teatro, del cinema o dei videogiochi. Come dire, riprendendo il sempre adatto (per quanto, a volte, abusato) detto shakespeariano: "siamo fatti della stessa materia di cui sono fatti i sogni".

La verità è che noi umani siamo ostaggi delle nostre fiction. Non è perché sono pieni di menzogne che le fiction ci attraggono; meglio sarebbe dire che *anche quelle menzogne appartengono al dominio della Realtà*.

Quando leggiamo le avventure di un cavaliere errante, di una donna adultera oppure di un uomo che si ritrova trasformato di punto in bianco in un orrido scarafaggio, la nostra mente sa di trovarsi di fronte a uno scenario irreale, ma al contempo essa si sforza di dimenticarlo, o di "sospendere il dubbio", almeno per il periodo che dura la lettura (o

---

17 Cfr. Volpi (2011), op. cit., pp. 19 e ss.

la sua eventuale rappresentazione). Detto in altri termini, l'evoluzione ha trasformato il nostro cervello in una macchina per la produzione di futuri; e tale macchina reagisce allo stesso modo sia di fronte alla realtà che di fronte alla fiction.

Fino a non molto tempo addietro l'empatia era vista con un certo sospetto; oggi sappiamo – grazie agli studi sui cosiddetti neuroni-specchio – che l'empatia è un fenomeno onnipresente negli esseri umani (e in molti altri animali superiori). Questi neuroni, situati nelle aree motrici del cervello, ci fanno imitare i movimenti che attraversano il nostro cammino come se fossimo noi a realizzarli. Nel farlo, non solo riconosciamo gli attori che ci circondano, ma cerchiamo anche di predire e anticipare i loro comportamenti; in prima istanza, per proteggerci da essi e, alla lunga, per comprenderli a partire dalle loro azioni.

È a partire da questa prospettiva che è possibile comprendere meglio in che modo la fiction realizzi questa funzione indispensabile per la nostra capacità adattativa: non solo aiutandoci a prevedere le nostre reazioni in situazioni ipotetiche, ma anche obbligandoci a rappresentarle nella nostra mente – a ripeterle e a ricostruirle – e, a partire da lì, a intuire e intravedere cosa potremmo sentire se le sperimentassimo veramente. Una volta fatto ciò, non tardiamo a riconoscerci negli altri, perché in un certo senso già *siamo*, in quel momento, gli *altri*.

E su questo aspetto – che, ovviamente, meriterebbe ulteriori approfondimenti – ritroviamo, per concludere, un altro dei grandi temi che è necessario tenere presente quando si riflette su queste delicate tematiche connesse al rapporto tra memoria-realtà-finzione: *Bisogna raccontare per essere* – come ricorda Jonathan Franzen – e raccontare significa ricostruire il passato, inventarlo, crearlo e ricrearlo nella scrittura. Significa *mentire*, anche![18]

Perché «il discorso umano non può mai fare a meno della menzogna. Forse essa è nata dalle necessità dell'invenzione narrativa, dal bisogno complesso di dire la cosa che non è". Nelle nostre grammatiche i congiuntivi, i condizionali, gli ottativi e le proposizioni che incominciano con "se" rendono possibile un'opposizione alla realtà, radicalmente umana e indispensabile».[19]

---

[18] Cfr., ad esempio, Mario Vargas Llosa, *La verdad de las mentiras*, Santillana Ediciones, Madrid 2007.
[19] George Steiner, *Errata. Una vita sotto esame*, Garzanti 1997, p. 88.

Il vissuto temporale è una questione di ottica interna. La memoria ordina le nostre esperienze nel tempo come un pittore ordina lo spazio in prospettiva: ricordare significa organizzare in categorie il mondo che ci circonda e non c'è alcun modo per poter descrivere il passato senza mentire. Raccontare il passato significa trasformarlo e, se non si vuole correre il rischio di trasformarlo, allora non vale neppure la pena provare a raccontarlo. Ma anche qui, come nel caso di Borges, è sufficiente lasciare intervenire un autore del calibro di Isaac Singer, con il quale potremmo chiosare: «Quando un giorno passa, smette di esistere. Cosa resta? Nient'altro che una storia. Se le storie non venissero raccontate o i libri non venissero scritti, l'uomo vivrebbe come gli animali: senza passato né futuro, in un presente cieco».

E allora è preferibile scrivere, è meglio *mentire*, anche, pur di poter raccontare e trasmettere ai nostri contemporanei e alle generazioni future le storie più autentiche ed esemplari di quelli che, nel bene e nel male, sono stati, e riconosciamo essere ancora, i nostri *padri*, la nostra *memoria*.

Fingere per davvero
Emmanuel Bove e le sue ombre

Talvolta, nel bel mezzo di un pasto, Alexandre,
come se si rendesse improvvisamente conto
che lui viveva, che lui pensava,
si guardava intorno con stupore.

Aftalion, Alexandre[20]

Uno strano individuo si aggira tra le nebbie di un'epoca passata ma indimenticabile, un'epoca ancora immersa tra le macerie della Grande Guerra e inconsapevolmente proiettata verso gli incommensurabili disastri di quel secondo e altrettanto rovinoso conflitto mondiale che di lì a qualche anno avrebbe ulteriormente sconvolto la storia dell'intero Occidente.

Solo in seguito, quando qua e là le nebbie cominceranno a diradarsi, ci renderemo conto che i luoghi in cui e di cui tale figura scriveva, erano i sempre riconoscibili ambienti della *Ville Lumière*, dei suoi raggianti centri, delle sue desolanti periferie, dei suoi indecifrabili dintorni.

Ma, inopinatamente, cominceremo altresì ad intuire che, proprio mentre i paesaggi ed i personaggi che li abitavano si andranno a delineare sempre più nitidamente, i contorni di quello stesso individuo – il cui nome era *Emmanuel Bobovnikoff* (detto *Bove*) – continueranno a rimanere stranamente annebbiati, come avvolti da una brina sottile ma permanente; come se una patina li rivestisse o li ricoprisse in qualche modo. Una figura non immediatamente decifrabile, insomma, come un'ombra.

È grazie alla creatività di questo individuo che prenderanno vita, in quello stesso periodo e in quegli stessi luoghi, personaggi quali *Nicolas Aftalion* e *Pierre Changarnier*, vere e proprie proiezioni in chiaroscuro delle probabili ossessioni del nostro autore: l'incomunicabilità, il senso di estraneità, la solitudine, il desiderio sistematicamente frustrato di poter ritrovare una decorosa collocazione nel mondo, adeguata alle proprie aspettative. Un "posto tra gli altri", tra i propri simili, un "de-

---

[20] "Parfois, au milieu d'un repas, Alexandre, comme se rendant compte tout à coup qu'il vivait, qu'il pensait regardait autour de lui avec stupeur" (Emmanuel Bove, *Aftalion, Alexandre*, Le Dilettante, Paris 1986, p. 26. Questo racconto apparve la prima volta a Parigi, per i tipi dell'editore Émile-Paul Frères nel 1928, con lo stesso titolo, *La Coalition*, con cui sarebbe stato pubblicato nello stesso anno il romanzo appena tradotto in italiano).

siderio di riconoscimento" misurabile attraverso l'amicizia, l'amore, il rispetto, la stima, l'affetto.

Poi, di nuovo, la silenziosa ricerca di un luogo in cui nascondersi, il ritorno nell'*ombra* che caratterizzerà tanto la vita dell'autore come, in modo se vogliamo paradossale, quella degli straordinari personaggi da lui creati.

La vita come un'ombra è l'indovinatissimo titolo scelto da due studiosi francesi, Raymond Cousse e Jean-Luc Bitton[21], per la loro preziosa biografia dedicata a Emmanuel Bove. Ad essi va tutta la mia ammirazione, se non altro per aver contribuito, tra i primi, a rivelarmi alcuni aspetti che hanno caratterizzato la vita di questo scrittore che oramai da diversi anni accompagna, talvolta in modo anche ossessivo, molte delle mie giornate.

Anche adesso, mentre seduto nella metropolitana parigina – di ritorno da una sorta di pellegrinaggio in suo onore, a *Bécon Les Bruyères*[22] – sto riflettendo su questi appunti mentali che chi legge ritroverà poi nella loro riformulazione scritta, sento il riflesso di quell'ombra che mi scruta dal di dentro, spingendomi ad interrogarmi sul come e sul perché io sia potuto diventare, ad un certo punto della mia esistenza, un *bovien*, un *bovien* praticante. Una pratica, peraltro, che non dovrebbe prevedere affatto, nell'assoluto rispetto della riservata figura del suo inconsapevole *padre fondatore*, che si provi neppure a fare del proselitismo, o che si possa andare oltre un delicato accenno o suggerimento di lettura, come ben sanno tutti coloro che sono in un modo o nell'altro entrati a far parte della *grande confrérie bovienne*[23]

Noi *boviens* siamo destinati a vivere isolatamente e silenziosamente questa nostra passione, questa nostra ossessione; il metodo di diffusione è quello del passaparola appena sussurrato tra persone rispetto alle quali riconosciamo o anche intuiamo una determinata sensibilità, non immediatamente manifesta, pur se da noi evidentemente percepibile.

---

[21] Raymond Cousse – Jean-Luc Bitton, *Emmanuel Bove. La vie comme une ombre*, Le Castor Astral, Paris 1994.

[22] Piccola località nei dintorni di Parigi alla quale Bove, nel 1927, dedicò una tra le più originali delle sue opere.

[23] Espressione coniata da David Nahmias, altro grande cultore di Bove. Cfr. David Nahmias, *Emmanuel Bove. Carnet d'une fugue*, Le Castor Astral, Paris 1998.

I libri di Bove, anche quelli pubblicati nella sua lingua originale, non li troverete facilmente in libreria. Fatti salvi i pioneristici tempi della loro prima apparizione – tra gli anni 1924 e 1945, o giù di lì – con editori peraltro mai troppo celebri, una delle caratteristiche dei testi di Bove, così come del suo autore, è sempre stata infatti quella di sapersi celare, di evitare la scena, di collocarsi ai margini, nell'ombra, ancora.

Pur essendo evidentemente riconosciuto quale precursore di alcune tra le tendenze più fortunate della letteratura francese del secolo scorso, anticipatore di autori come Sartre, Camus o Aragon, e pubblicamente ammirato ed esaltato da personaggi quali Rilke, Beckett, Colette, Guitry e Peter Handke, Emmanuel Bove è stato sistematicamente sottovalutato, se non del tutto dimenticato, da una certa Francia letteraria.

Raymond Cousse e Jean-Luc Bitton, grazie al loro paziente lavoro, reso in gran parte possibile dalla preziosa collaborazione della figlia di Emmanuel Bove, Nora de Meynbourg, e soprattutto del fratello minore di Emmanuel, ovvero Léon Bobovnikoff – che a suo tempo aveva raccolto le memorie della madre in un prezioso quadernetto – sono riusciti a ricostruire molti degli aspetti fondamentali della biografia di questo grande autore misconosciuto, consegnandoci delle informazioni assolutamente indispensabili per la comprensione della sua copiosa opera.

Nato a Parigi il 20 aprile del 1898 da una relazione abbastanza casuale tra un ebreo russo proveniente da un ghetto di Kiev (anch'egli di nome Emmanuel Bobovnikoff, esattamente come il suo primogenito) e una donna lussemburghese di nome Henriette Michels, l'infanzia del futuro scrittore sarà connotata da un enorme senso di precarietà derivante dai cattivi rapporti tra i suoi genitori e, soprattutto, dalla miseria che caratterizzava le loro condizioni di vita.

A ciò è necessario poi aggiungere un altro elemento che, come avremo modo di approfondire tra breve, risulterà essere determinante per la comprensione sia della biografia che di molte delle tematiche che comporranno le trame e le soluzioni narrative dell'intera opera di Bove: dopo nemmeno due anni dalla nascita del suo primogenito, il padre di Emmanuel conoscerà infatti Emily Overweg, una benestante signora inglese con velleità artistiche, con la quale in seguito (non prima però di aver messo nuovamente incinta Henriette di suo fratello Léon) vivrà una lunga relazione. Fin dalla sua primissima infanzia, dunque, il piccolo Emmanuel sarà sballottato tra queste due madri – quella biologica e quella che, nel tempo, diventerà la sua vera e propria madre adottiva –

estremamente diverse tra loro sia per estrazione socioculturale che per condizioni economiche e di vita, sviluppando una profonda insicurezza emotiva e una lacerazione tali da influenzarne molto significativamente il carattere e, ovviamente, l'intera opera.

"Se si conosce l'infanzia di Bove – scrivono infatti Cousse e Bitton –, il suo sradicamento, il suo sentimento di precarietà esistenziale, si comprende come la sua scrittura proceda da un traumatismo (...). Come se egli cercasse di superare, attraverso la scrittura, senza mai riuscire ad esorcizzarlo del tutto, un blocco affettivo prodottosi nella sua infanzia".[24]

Basti solo pensare che, senza neppure voler provare ad addentrarci nelle molteplici forme attraverso cui i personaggi che verranno fuori dall'immaginazione di Bove tenderanno a ripercorrere dinamiche e caratteristiche facilmente ricollegabili ai membri e alle relazioni esistenti in questa sua doppia famiglia, la vita stessa del nostro autore sarà a sua volta caratterizzata da una situazione quasi perfettamente speculare a quella vissuta da suo padre: a un primo matrimonio con Suzanne Vallois, una donna di cinque anni più anziana di lui (sposata nel 1921 e da cui avrà i suoi due figli: Nora, nata nel 1922, e Michel, nato nel 1924), che s'interromperà dopo soli quattro anni, ne seguirà infatti un altro, esattamente come era capitato a suo padre, con una donna benestante e ben integrata nel bel mondo parigino.

È il 1930 l'anno in cui, nel pieno di quella che sarà la fase più prolifica della sua attività di scrittore, dopo aver ottenuto il divorzio dalla prima moglie, Emmanuel Bove sposerà in seconde nozze Louise Ottensooser.

Tra questi due matrimoni c'è però un altro legame sentimentale particolarmente significativo nella vita di Emmanuel Bove: la relazione intrapresa con Henriette de Swetschine tra il 1925 e il 1928, anno in cui conoscerà Louise che, come detto, sposerà due anni dopo.

Al di là delle ipotesi che si potrebbero avanzare sull'importanza delle diverse relazioni emotive nella vita di un artista, resta il fatto, per noi assai rivelatore, che la dedica che appare all'inizio de *La Coalition* – A H. d. S. – è riferita proprio a questa sua amante che, molto probabilmente, sarà stata a lui assai vicino nel periodo di gestazione di quest'opera

---

[24] Cousse-Bitton (1994), op. cit., p. 46.

pubblicata, vale la pena ricordarlo, proprio nel 1927 con l'editore Emile-Paul Frères.

Gli inizi della nuova vita matrimoniale intrapresa con Louise non saranno però, per Bove, molto fortunati: per salvarle la vita nel corso del difficile parto del loro primo e unico figlio, i medici saranno costretti a far morire il bambino. Come scriverà in una lettera molto cruda, conservata da suo fratello Léon, riferendosi all'aborto di sua moglie: "Le hanno dovuto mettere i ferri dentro e fare un'operazione. Il bambino è stato ucciso e lei ci ha messo molto per riprendersi".

Dopo questo episodio la coppia, che si era nel frattempo trasferita in Inghilterra, farà ritorno in Francia, per stabilirsi per un lungo periodo tra Compiègne e Parigi, dove Bove continuerà a scrivere molte delle sue opere, tra cui, nel 1932, *Un Raskolnikov.*

Nel 1936, all'età di trentotto anni, il nostro autore verrà poi colpito da una grave malattia, la pleurite. Da allora in poi, notano alcuni tra i suoi biografi, il suo rapporto con l'esistenza assumerà caratteristiche ancor più marcatamente pessimistiche. Sono state ritrovate, in un quaderno scolastico, queste sue eloquenti annotazioni: "Mi trovo solo in una camera d'albergo, come alla fine del novembre del 1916. Ma c'è una differenza. Ora ho 40 anni. Guardo al passato, perché adesso è il passato la parte più importante della mia vita. E per quanto mi sforzi non vedo che mille e mille fatti insignificanti. Niente di grande, niente di nobile, niente che sia degno di essere citato. Niente mi sembra più tragico nella vita di questa specie di chiusura che, quanto più invecchiamo, tanto più si avvicina a noi. Dolcemente il provvisorio diventa definitivo." Già – scrive il grande Bove – *doucement le provisoire devient definitif.*

Gli anni che seguiranno, fino alla sua morte che avverrà la notte tra il 12 e il 13 luglio del 1945, a seguito di un aggravamento delle sue già precarie condizioni di salute, saranno caratterizzati dall'incombere della guerra e delle sue tragiche conseguenze: il dilagare dell'antisemitismo, l'invasione tedesca, la fuga dalla Francia insieme a Louise che lo condurrà a stabilirsi per un lungo periodo ad Algeri, il ritorno a Parigi solo pochi mesi prima della morte, sopraggiunta all'età di quarantasette anni.

L'età della morte di Emmanuel Bove si lega curiosamente ad un evento letterario che, almeno a mio avviso, rappresenta una delle vette artistiche più elevate raggiunte dalla sua opera. Nel 1935, infatti, proprio nel periodo in cui cominciavano a manifestarsi i primi preoccupanti sintomi della sua malattia, Bove dava alle stampe *Le Pressentiment*, un romanzo che narra le vicende di un uomo – Charles Benesteau[25] – che un giorno, di punto in bianco, decide di abbandonare la sua ordinaria vita borghese, fatta di un lavoro prestigioso, una moglie bella ed elegante, un figlio, fratelli, sorelle, amici e amante, per trasferirsi in un modesto appartamentino preso in affitto in un quartiere povero e malfamato, a vivere da solo, a trascorrere le sue giornate scrivendo un diario, frequentando poche e sconosciute persone incontrate più o meno casualmente tra i suoi nuovi vicini.

Si tratta di una svolta esistenziale dettata da un colpo di testa apparentemente immotivato; nessuno riesce infatti a darsi una spiegazione logica di un tale comportamento; nessuno sembra essere in grado di intuire una qualche ragione valida o comprensibile. Addirittura, anzi, quando i fratelli lo metteranno alle strette, Charles si dichiarerà disponibile anche a rinunciare alla sua parte di eredità, pur di recidere ogni vecchio legame e poter essere lasciato in pace, consegnato alla sua definitiva solitudine.

Dopo un po' di tempo trascorso in questa sua nuova condizione, Charles si ammalerà gravemente e nel giro di poco tempo morirà. Al suo funerale, qualcuno proverà a giustificare il suo inusuale comportamento facendo riferimento ad una sorta di *presentimento*: "Ora comprendo molte cose" – sussurra semplicemente uno sconosciuto ad un suo vicino, mentre distrattamente il corteo funebre procede meccanicamente verso la tomba: "Charles aveva avuto il presentimento della sua morte".

Charles, al momento della morte, era un uomo di *quarantasette anni*, esattamente l'età in cui, circa dieci anni dopo, il suo autore lascerà definitivamente il nostro mondo!

Le Pressentiment era stata la prima opera di Emmanuel Bove che avevo avuto modo di leggere: una sorta di iniziazione che nel giro di pochissimo tempo mi aveva introdotto, come accennavo all'inizio, alla misteriosa congregazione dei *boviens*: giravo per librerie a Parigi e il volume mi era "venuto incontro", presentandosi da sé – come talvolta capita con i grandi amori – improvvisamente. Il libro era, in quel momento, in una qualche evidenza solo ed esclusivamente perché un ot-

---

[25] In verità, nella prima edizione (Fayard) del romanzo, il protagonista si chiamava Charles Morice. Nell'edizione Gallimard, che venne pubblicata nello stesso anno (1935), il nome verrà modificato in Charles Benesteau.

timo regista francese, Jean-Pierre Darrousin, si era preso la briga, un paio di anni prima – e precisamente nel 2006 – di impegnarsi in un riuscitissimo adattamento cinematografico dell'opera.

Nelle righe iniziali avevo letto quasi subito, prima ancora di acquistarlo, mentre ne stavo sbirciando le pagine tra gli affollati banconi della libreria *La hune* di Saint Germain des Prés, la seguente emblematica frase, con la quale Bove introduceva il lettore alla complessa psicologia di Charles Benesteau: "Egli non vedeva intorno a sé che delle persone che agivano come se dovessero vivere eternamente".[26] Che dire: la trasposizione letteraria di uno dei più significativi oggetti della ricerca artistica sulla contemporaneità. Nel momento stesso in cui l'uomo prende coscienza non tanto della morte ma della sua *non-immortalità*, ovvero del fatto che non solo c'è un limite che delimita la sua vita, ma anche che il superamento di tale frontiera può addirittura essere previsto, misurato e analizzato, il rapporto con la realtà viene completamente stravolto. Il mondo si trasforma in un enorme, misterioso oggetto, a lui del tutto estraneo; il tempo soggettivo viene improvvisamente percepito come un frammento infinitesimale e insignificante rispetto a quello universale e – soprattutto – coloro che fino a qualche istante prima apparivano impegnati e interessati dalle cose del mondo e dai suoi profondi significati, si convertono in ridicoli personaggi di una commedia senza alcun senso: il loro agire "come se fossero immortali", *comme s'ils devaient vivre éternellement*, diventa, esso sì, assolutamente incomprensibile. L'ordine dell'esistenza, e di tutte le routines ad esso legate, smarrisce infine ogni sua possibile legittimità!

Era questo, forse, il vero *presentimento* al quale alludeva Emmanuel Bove, originale fabbricante di *finzioni* sempre molto *verosimili*.

Si tratta di un tema straordinario e affascinante, trattato da Bove con grandissima delicatezza e sottigliezza anche in molte altre delle sue opere. Un tema che anticipa uno degli assunti nevralgici che in seguito coinvolgerà, tra l'altro, tutto il dibattito esistenzialista. Come non riconoscere, infatti, in quelle stesse parole, le celebri considerazioni del condannato a morte Pablo Ibbieta – "qualche ora o qualche anno d'attesa è assolutamente la stessa cosa, una volta che si è perduta

---

[26] "Il ne voyait autour de lui que des gens agissant comme s'ils devaient vivre éternellement". ("Il ne voyait autour de lui que des gens semblant croire qu'ils étaient immortels" è la frase che, ancor più significativamente, appare invece nella prima versione del testo pubblicata da Arthème Fayard)

l'illusione d'essere eterni" – ne *Il muro* di Sartre? O, ancora più chiaramente, come non riconoscere le riflessioni dello *Straniero* Meursault –
"anche gli altri saranno condannati un giorno. Anche lui sarà condannato. Che importa se un uomo accusato di assassinio è condannato
a morte per non aver pianto ai funerali di sua madre?" – del grande
Albert Camus?
Sul ruolo di Bove in quanto precursore dell'esistenzialismo e, soprattutto, del *nouveau roman*, è stato peraltro già scritto molto e il dibattito si
potrebbe dire ancora attualmente vivace.[27] È però da condividere
pienamente la posizione di uno dei più appassionati critici dell'opera di
Bove, il canadese François Ouellet, il quale sostiene che si è sempre cercato di valutare gli scritti di Bove sulla base di qualità letterarie di tipo
comparativo, sottovalutando invece quelli che sono i tanti aspetti davvero originali del suo lavoro. Per cercare di limitare gli effetti di un tale
malinteso, Ouellet propone invece di apprezzare autonomamente la
produzione di Bove, collocandola nel pieno di quelle che erano le in-
fluenze socioculturali della sua epoca: siamo nella seconda metà degli
anni Venti del Novecento, la psicoanalisi di Freud sta penetrando sempre più a fondo nella cultura Europa, le prime tesi nichiliste (Nietzsche)
ed esistenzialiste (Kierkegaard) stanno cominciando ad essere rielabo-
rate anche in Francia, parallelamente all'entusiastica accoglienza riservata ad autori quali Dostojevskij, Stendhal e, ovviamente, Proust. Tutto
ciò in un momento storico caratterizzato dalle radicali trasformazioni
legate alle tragiche conseguenze della Prima Guerra Mondiale, da una
parte, e dalle rivoluzionarie innovazioni tecnologiche che stavano
cominciando a modificare in profondita l'esistenza dell'uomo occidentale.[28] È nell'ambito di un tale contesto che gli scrittori dell'epoca
provarono a sperimentare un tipo di discorso che fosse in grado di cogliere nel modo più efficace possibile le caratteristiche psicologiche che
il romanzo realista aveva ereditato dal diciannovesimo secolo. "Il discorso romanzesco – scrive Ouellet – riposa allora su un soggettivismo
relativista secondo il quale non c'è alcuna verità possibile se non quella
interiore e, al contempo, non c'è alcuna conoscenza possibile al di fuori

---

[27] Su questo tema cfr., tra gli altri, François Ouellet, *Emmanuel Bove. Contexte, références et
écriture*, Éditions Nota Bene, Québec 2005; Sophie Coste – Dominique Carlat (a cura
di), *Lire Bove*, Presses Universitaires de Lyon, Lyon 2003
[28] Cfr. Stephen Kern, *Il tempo e lo spazio. La percezione del mondo tra Otto e Novecento*, Il
Mulino, Bologna 1988.

della relazione. Il soggetto – insomma – può giungere alla conoscenza di sé solo attraverso l'altro".[29] Sono questi i motivi per i quali, secondo lo studioso canadese, Bove andrebbe apprezzato e conosciuto soprattutto per la sua originale interpretazione di questa emergente e innovativa analisi della cosiddetta *alterità soggettiva*.

Al di là di questo interessante dibattito, sul quale non sarà possibile qui soffermarsi ulteriormente, il tema di fondo anticipato ne *Le Pressentiment* può rappresentare a mio parere una chiave di lettura molto utile anche per individuare alcuni dei significati comuni a tutta l'opera di Emmanuel Bove.

Torniamo allora alla *Coalizione*, certamente tra i più apprezzati romanzi francesi dell'epoca, premiato alla sua uscita con il *Prix Figuière*, probabilmente il riconoscimento letterario più ricco e ambito di quel periodo. Quando apparve, alcuni critici scrissero che si trattava di un romanzo "amaro e nero come una lunga giornata piovosa", talmente coinvolgente da poter condurre il lettore a doversi "asciugare la fronte come accadrebbe al risveglio da un incubo"; oppure – come scrisse Max Jacob in una lettera a Bove, il quale considerava *La Coalition* un "libro-avvenimento" – qui "la potenza evocatoria, la scelta dei dettagli così significativi, il dolore e l'amore dell'autore, la verosimiglianza dei protagonisti al contempo così minuziosa e così ampiamente umana, coinvolgono più di un intrigo balzachiano o di un dramma di Dostoievskij". Come già accennato, il romanzo aveva visto la luce al culmine di quello che resterà il periodo più prolifico di Bove, e questo nonostante le enormi difficoltà che in quegli stessi anni incombevano sulla sua quotidianità. Verso la fine dell'estate del 1925, quando Bove aveva cominciato a frequentare Louise Ottensooer, si era ritrovato al contempo anche costretto a fare i conti con la non facile situazione di dover provvedere alle esigenze economiche di ben tre famiglie: quella con Louise, quella della sua prima moglie con i due figli e quella, sempre più penosa, costituita dalla madre e dal fratello. Comunque sia, sono questi gli anni in cui Bove scriverà – secondo l'espressione di alcuni suoi critici – "a perdre haleine", a *perdifiato*. Tra il 1927 e il 1928 produrrà ben undici tra romanzi e raccolte di racconti: *Bécon-lesBruyères, Un soir chez*

---

[29] François Ouellet, *D'un Dieu l'autre. L'altérité subjective d'Emmanuel Bove*, Éditions Nota Bene, Québec 1998, pp.15-16.

Blutel, *La mort de Dinah*, *L'amour de Pierre Neuhart*, *Henry Deuchemin et ses ombres*: oramai una vera e propria *Comédie Humaine* prendeva così vita.

Il protagonista della *Coalition*, Nicolas Aftalion, può essere considerato un tipico personaggio boviano: dopo la morte del padre, il giovane si trasferisce insieme alla madre a Parigi, cercando conforto sia economico sia morale dai vari parenti e amici di quest'ultima. Tale ricerca si rivelerà però presto del tutto illusoria e il lungo pellegrinare di Nicolas di concluderà con un suicidio.

Louise Aftalion – la madre del protagonista – è invece una *revenant*: una figura che rientra nel luogo in cui era cresciuta, con le persone che aveva amato; luoghi e persone dai quali era stata per una serie di motivi respinta e allontanata. Nel ritornare dopo molti anni, e vedendo quanto siano cambiati sia i luoghi sia le persone, il *revenant* avverte meglio e più intensamente degli altri quanto nulla sopravviva e tutto si dilegui; quanto tutto scivoli via, anche i fantasmi stessi del passato, facendo acuire o emergere ex novo un senso di precarietà esistenziale che altrimenti sarebbe potuto restare sopito anche per sempre.

Unico baluardo di resistenza contro il disfacimento di questo vecchio universo, nel quale in qualche modo la donna e suo figlio contavano di potersi adagiare, è il benessere materiale, il denaro.

Nel corso di tutto il romanzo, spinti dal peso delle circostanze, tanto Nicolas quanto sua madre sembrano subire un ineluttabile destino al quale tentano periodicamente e disperatamente di opporre una sempre più timida resistenza: "non si può andare avanti così", si ripetono l'un l'altra in continuazione, fino al sopraggiungere della drammatica conclusione. Il denaro, che quotidianamente si assottiglia, accompagna invece una sorta di macabro conteggio a ritroso dei giorni che, esaurendosi, sono inesorabilmente destinati a finire. E una volta calcolata la data più o meno approssimativa della fine, tutto il resto sembra perdere senso e ogni possibile sforzo per modificare il corso degli eventi diventa vano: la condanna è allora definitiva, inappellabile!

Qualche critico, soprattutto nel periodo immediatamente successivo alla pubblicazione del libro, tendeva ad evidenziare la scarsa corrispondenza del titolo con il significato di fondo dell'opera, in cui veniva letta abbastanza semplicisticamente "la coalizione di tutti contro uno". In seguito è stato rilevato quanto nel romanzo non si intendesse porre tanto l'accento su un gruppo coalizzato contro un singolo, ma su un individuo che si forma l'idea, l'immagine di una coalizione contro di sé, *idea* con la quale egli tende a rendersi *innocente* e *de-colpevolizzato*. In

Bove accade peraltro spesso – lo vedremo anche con Pierre Changarnier – che i sentimenti siano subordinati all'idea che i personaggi si fanno di ciò che essi sono; non è tanto ciò che essi sono a contare, quanto quello che potrebbero essere. Tutto insomma viene visto principalmente dal punto di vista dell'*idea*.

Secondo il nostro protagonista il mondo intero è responsabile del suo stato, il che produce una sorta di paranoia per la quale l'assenza del riconoscimento desiderato dal soggetto si trasforma nel suo contrario: *la persecuzione*. È sotto questa angolazione che si può cogliere al meglio il fondamentale ricorso al tema dell'inconscio, mettendolo in rapporto alla sensibilità dell'epoca.

Per cogliere il profondo legame intellettuale che rende saldo questo tipo di interpretazione, basterebbe rileggere le intense pagine iniziali in cui viene dato conto di come nasca questa sorta di allucinazione nel giovane Aftalion e di come possa essere spiegato – quasi si trattasse di un vero e proprio saggio psicoanalitico *ante litteram* – il suo successivo delirio di persecuzione.

Il responsabile è evidentemente *il padre*, il quale alleva il figlio con un solo scopo, quello di convincere tutti che si tratti di "un prodigio", obbligando ovviamente il piccolo stesso ad interiorizzare uno stato di "eccezionalità" che non corrisponderà per nulla a quelle che saranno le sue concrete e reali possibilità. Si tratta insomma di quello che può essere considerato un grosso malinteso tra Alexandre e Nicolas, in cui ognuno dei due diventa vittima della viscerale debolezza dell'altro: la mediocrità del figlio provocherà in un certo senso la morte del padre così come – anche se molto più palesemente – le colpe del padre segneranno il destino del figlio.

Anche la madre, evidentemente, giocherà un suo importantissimo ruolo in questo processo che condurrà alla formazione di una ben consolidata *dinamica della colpa*: come noterà molto acutamente François Ouellet, "*laddove la relazione con il padre sarà determinata dall'assenza e dal silenzio, quella con la madre testimonia una violenza verbale pari solo al suo desiderio di eliminare una presenza che gli ricordava il suo padre defunto*".[30]

Appare peraltro evidente quanto questa stessa dinamica possa ricondurre alla profonda e talvolta anche paradossale inerzia che, come abbiamo già notato, caratterizza il comportamento e le azioni dei due protagonisti principali dell'opera.

---

[30] Ouellet (1998), op. cit., pp. 118-119

Anche il suicidio stesso appare in quest'ottica come un atto subìto, quasi dovuto, al limite dell'involontarietà. La caratteristica più spiccata, quella dell'*inerzia*, quella per cui pare che siano sempre le circostanze ad agire al posto dell'attore, traspare così anche nel più estremo dei momenti, addirittura quando oramai il protagonista è giunto ai suoi ultimissimi secondi di vita. Le domande che Nicolas infatti continuerà a porsi in tali momenti saranno ancora di questo tipo: "Se mi getterò in acqua, cosa mi succederà? In realtà è molto semplice, non devo far altro che un passo, un solo passo in avanti. Cosa mi impedisce di fare questo passo?".

Potremmo dire, chissà, che sia solo una sorta di curiosità a spingerlo verso il suicidio. Attirato dalla possibilità di un atto che gli appare improvvisamente frutto di una sua decisione; come se sentisse finalmente la capacità di poter essere protagonista attivo della propria esistenza. Ma sarà solo un attimo! Immediatamente dopo ricomparirà, ancora una volta, l'immagine di un uomo che si sente comunque e sempre ancora vittima delle circostanze: "al sentire il contatto con l'acqua – scrive incisivamente Bove – *egli sentì di non essere più padrone di sé...*".

Questa volta il suicidio non resterà solo ipotetico, come in molte altre storie narrateci da Bove;[31] né somiglierà ad altri pur celebri suicidi dell'epoca, come quello magistralmente narrato da Drieu La Rochelle,[32] connesso ad un volontario, razionale e ostinato progetto di autodistruzione, insensibile ad ogni tentativo di dissuasione o di cura. Il suicidio di Nicolas è qualcosa di diverso, di realmente originale per l'epoca, paragonabile sia metaforicamente sia narrativamente soltanto al modello che molti anni dopo verrà espresso da alcuni grandi maestri dell'esistenzialismo e la cui chiave di volta mi sembra individuabile nel meccanismo della *ritirata dalla vita*, della resa, della rinuncia a quanto già prestabilito, ma non già da Dio, dagli dèi o da qualunque altra entità trascendente, qualunque sia la forma da essa assunta: Spirito, Destino o Storia. Sarà il padre, quello con la "p" minuscola, il destinatario ultimo del messaggio che il "suicida" invierà più o meno consapevolmente attraverso il suo estremo gesto. Un padre che (e ricordiamo, perché

---

[31] Cfr., ad esempio, *La Dernière Nuit*, Fayard, Paris 1933 (ripubblicato nel 1987 da Le Castor Astral. Il romanzo è stato anche tradotto in italiano: cfr. Emmanuel Bove, *L'ultima notte*, Meridiano Zero, Roma 1998).

[32] Credo non sia privo di significato ricordare che il suicidio di Jacques Rigaut, da cui trarrà ispirazione nel 1931 Drieu La Rochelle per scrivere il suo insuperato capolavoro *Fuoco Fatuo*, è del 1929.

fondamentale, che siamo nelle fasi più acute della diffusione del pensiero freudiano-dostoievskiano) presenterà i suoi conti attraverso il meccanismo a lui più congeniale, quello della *colpa*.

Che il tragico destino del figlio sia fin dall'inizio inscritto nei progetti del padre, al quale addebitare tutte le responsabilità, è palesemente chiaro in entrambi i romanzi boviani qui tradotti. La storia di Alexandre Aftalion, padre del protagonista (che peraltro rinvia in molti elementi-chiave a quella del padre reale dello stesso autore), ci riconduce immediatamente al tema più volte richiamato del desiderio sistematicamente frustrato di poter ritrovare una decorosa collocazione nel mondo, adeguata alle proprie aspettative (ricordiamo, nel testo, il malcelato odio di Nicolas nei confronti della povertà sia materiale che spirituale ereditata dal padre Alexandre), ed evidenzia molto chiaramente la pertinenza di una tale interpretazione.

Ma è ne *Un Raskolnikov*, un palese omaggio a Dostojevskij, che è possibile ritrovare un'ulteriore conferma dell'importanza della figura paterna nell'opera di Bove, nonché del rapporto ad esso evidentemente connesso della dinamica *responsabilità-colpa*.[33] In questo piccolo gioiello narrativo Bove riesce a far rivivere, con enorme abilità stilistica, alcune delle più complesse allucinazioni tipiche del mitico personaggio creato dal grande maestro russo, regalandoci al contempo un penetrante scorcio della Parigi della fine degli anni Venti.

Nel romanzo-capolavoro *Delitto e Castigo*, come è noto, l'evento chiave era rappresentato da un duplice omicidio a scopo di rapina: quello premeditato di un'avida vecchia usuraia e quello imprevisto della sua più giovane e innocente sorella, per sua sfortuna comparsa sulla scena del delitto appena compiuto. L'autore dei delitti era il protagonista del romanzo, un indigente studente pietroburghese che rispondeva al nome di Rodion Romanovic Raskolnikov.

Tra le pagine che hanno reso immortale il romanzo di Dostojevskij vanno senz'altro annoverate quelle in cui lo studente tormenta se stesso in una serie di riflessioni e azioni volte a cercare di sostenere in qualche modo il peso del suo delitto. Una delle questioni centrali è, in estrema sintesi – come ha notato anche con molta acutezza, tra gli altri, Milan Kundera – quella della *ricerca del castigo*. Una volta commesso un delitto il prezzo da pagare, se si riesce a sfuggire alla condanna prevista dalla

---

[33] Per approfondimenti su questa tesi cfr. Ouellet (1998), op. cit.

società alla quale si appartiene, è praticamente insostenibile: dalla continua paura di essere scoperti (e dalle conseguenze in termini di solitudine esistenziale che ne conseguono) al logoramento nervoso dovuto allo stress che accompagna ogni situazione dell'esistenza e quindi l'impossibilità di poter stabilire anche rapporti di tipo affettivo sufficientemente sereni.

Il vero castigo, insomma, non è tanto la condanna di Dio (che già lentamente si stava eclissando), né tantomeno quella degli uomini, ovvero la pena capitale o la privazione della libertà attraverso l'incarcerazione, quanto il tormento interiore che lo accompagnerà in seguito al delitto commesso.

Senza il controllo divino – suggerisce qui Dostojevskij – la società sembra non essere in grado di poter elaborare modelli morali sufficienti ad evitare determinati comportamenti devianti, primo tra tutti l'assassinio. L'affermazione dell'autonomia dell'individuo, se spinta oltre una legge divina, può condurre a situazioni che declassano e depravano l'uomo alla condizione incivile. Per poter meritare l'autonomia appare dunque in ogni caso necessario un qualche riferimento spirituale. Alla fine del romanzo la morte della madre del protagonista suggerirà infatti, tra le possibili vie di salvezza, una sorta di fuga nel ritorno ad un modello di espiazione cristiana.

Dopo Dostojevskij però, anche a seguito dei profondi cambiamenti intervenuti proprio tra la fine dell'Ottocento e gli anni immediatamente successivi alla Prima Guerra Mondiale, ai quali abbiamo già fatto riferimento, il panorama culturale, sempre più *disincantato*, risulterà profondamente rivoluzionato. Una serie di nuove visioni del mondo, tra cui ad esempio anche quella fornita dalla psicoanalisi, contribuiranno ad illuminare con qualche barlume di luce razionalizzante gli uomini alla ricerca di modelli di riferimento più adatti alla loro inedita situazione, introducendo prospettive più consone alla loro ricerca di una possibile e affidabile autonomia. Non più "salvezza attraverso la sofferenza cristiana", ma "salvezza attraverso la conoscenza profonda di sé", ovvero di quella profondità ignota anche agli stessi protagonisti, di quelle voragini interiori sul cui fondo si muoveva quella nuova entità chiamata *inconscio*.

Su questo rinnovato palcoscenico il *Raskolnikov* che ci presenta Emmanuel Bove, sotto le sembianze di Pierre Changarnier, tenta di proporre una sua più attuale rappresentazione. Changarnier, in un momento di apparente follia, pretende di essere condannato per un delitto che sembrerebbe aver commesso solo nella sua mente, in uno stato di sogno o comunque di "incoscienza". Presentando questo suo eroe, "vittima immaginaria di una colpevolezza immaginaria",[34] Bove sembra voler suggerire che l'eroe dostojevskiano, trasponendosi in una nuova era, in una modernità più matura, abbia definitivamente perso di vista quel che restava di Dio e lo abbia sostituito (in questo affidandosi al nuovo credo reso disponibile dalla psicoanalisi) con *il padre* (biologico o socioculturale che sia); un padre responsabile ma non più onnisciente e onnipotente, un padre con il quale potersi e doversi confrontare ad armi sempre più pari, un padre unico possibile responsabile di ogni eventuale sentenza o giudizio sulle proprie azioni, l'unico che potrebbe consentire di poter espiare le *colpe* (vere o presunte diventa quasi *ininfluente*)[35] connesse al proprio agire.

Un'intuizione a mio avviso straordinaria, quella del nostro sottovalutato scrittore francese, che lascia prefigurare una svolta epocale nel rapporto con l'autorità, svolta che poi effettivamente si realizzerà e che accompagnerà definitivamente, almeno a partire dall'immediato secondo dopoguerra fino ai giorni nostri, congiuntamente all'affermarsi di una versione sempre più esasperata del culto umanistico del sé, tutti i processi di socializzazione che caratterizzeranno la formazione della famiglia e dei nuovi individui delle società occidentali.

---

[34] Ouellet (2005), op. cit., p. 184

[35] Changarnier si rende conto che sarebbe stato sufficiente un nulla per poter uccidere l'omino, ed è a causa di questa pseudo-innocenza che egli si sente colpevole. Egli parte dunque alla ricerca di un castigo per un crimine che non ha commesso se non in sogno e si consegna alla polizia gridando: "Sono io... Vi cercavo per arrendermi affinché possiate infliggermi il castigo che mi merito." I sentimenti che egli prova gli sono divenuti così penosi da provocargli un cambiamento nella percezione stessa della realtà, fomentando quell'idea delirante di auto-accusa per un crimine che egli non ha commesso in modo effettivo, ma che avrebbe però potuto commettere.

Come una mano invisibile
Emmanuel Bove e il Presentimento

La povertà degli esseri umani mi annienta. Perché questa sofferenza di vivere laddove la maggior parte delle persone non prova che soddisfazione?

"Una volta aveva seguito il caso di un uomo scomparso in circostanze simili a quelle dell'ebanista. Difficile, però, stabilire se era stato per gli stessi motivi. Era un facoltoso industriale parigino, in apparenza senza problemi. Aveva poco più di cinquant'anni, una moglie e due figli. Un maschio di ventun anni iscritto all'università e una femmina, di tre anni più giovane, sulla quale non c'era l'ombra di un pettegolezzo.

Una mattina era uscito di casa alla solita ora per andare in ditta, a Levallois, alla guida della sua auto. Da quel momento più nessuna notizia, e per parecchi anni.

La macchina era stata ritrovata nei pressi di Rue du Temple, non risultava che avesse un'amante, e il suo medico curante garantiva che godeva di ottima salute e sarebbe campato ancora a lungo.

La polizia aveva cercato dappertutto fuorché nel posto giusto. Da un giorno all'altro, infatti, quell'uomo aveva deciso di diventare un barbone".[36]

Sembrerebbe, quella appena citata, una possibile variazione della trama del *Il presentimento*. Un uomo di mezz'età, benestante e apparentemente soddisfatto della propria esistenza, decide un giorno di abbandonare la sua famiglia, i suoi amici, il suo ambiente sociale e di lavoro, per trasferirsi in un'altra zona molto più povera della stessa città, Parigi, e cambiare vita.

Il brano non è però tratto da *Il presentimento* e neppure da uno dei numerosi altri romanzi di Emmanuel Bove, bensì da una delle celebri inchieste del commissario Maigret.[37] Al di là degli evidenti echi pirandelliani, si tratta di un tema che può agevolmente essere collocato all'interno di un più generale orientamento della letteratura francese ed

---

36 Georges Simenon, *Maigret e l'uomo solitario*, Adelphi, Milano 2011, p. 43

37 E non si può peraltro evitare di ricordare che il suo autore, Georges Simenon, si è ritrovato più volte a raccontare storie in cui i personaggi principali rompono di punto in bianco la routine della loro quotidianità, per provare a cambiare radicalmente vita. Basti pensare, ad esempio, a *L'uomo che vedeva passare i treni*, Adelphi, Milano 2006 e, soprattutto, a *La fuga del Signor Monde*, Adelphi, Milano 2011.

europea sviluppatosi nella prima metà del Novecento. In effetti, siamo di fronte ad una tendenza abbastanza ricorrente:[38] un protagonista – in genere maschio – si trova in una situazione di disagio. Nella maggior parte dei casi tale disagio può essere messo in relazione con una situazione amorosa o con una congiuntura di carattere più marcatamente economico-sociale (povertà, abbandono, solitudine, etc.). Che il protagonista provenga da uno strato sociale superiore o di bassa estrazione, oppure che abbia problemi finanziari o meno, importa poco: quello che conta è che egli sia profondamente insoddisfatto della sua esistenza, così come viene presentata all'inizio della storia. È in questo modo che le narrazioni focalizzano la loro attenzione su un periodo della sua vita in cui l'eroe comincia a prendere coscienza della sua frustrante situazione e parte alla ricerca di se stesso.

A tale ricerca è strettamente connesso il concetto di "vita". Il protagonista si rende conto che, nella fase iniziale, la sua vita è puramente vegetativa. Quello che gli manca è "la vita" nel suo senso metaforico; una vita intensa, esemplare, "enfatica", piena di emozioni forti, di felicità e di dolori, di esperienze vissute insieme al proprio entourage; il desiderio insomma di un'esistenza che possa offrire innanzitutto l'esperienza di se stesso, della sua identità e dei suoi limiti. Affinché si possa realizzare questa vita metaforica, è però necessario un cambiamento drastico e permanente. Se l'eroe riuscirà ad ottenerlo, egli troverà il senso della sua piena esistenza, ritroverà insomma se stesso.

Questo canovaccio, ben noto ai frequentatori di un certo tipo di letteratura, sembra avere dunque, come obiettivo ultimo, un elemento fortemente narcisistico. È perché si concepisce come un individuo eccezionale, privilegiato e dotato di un carattere *elitario*, che in fondo il protagonista chiede al suo *entourage* di essere riconosciuto in quanto tale.

È, questo, uno degli aspetti sui quali la critica appare concordare maggiormente. In effetti – come fa notare ad esempio il canadese François Ouellet – Benesteau, come la maggior parte dei personaggi di Bove, risulta essere troppo narcisista per interessarsi a qualcosa di diverso da

---

[38] Cfr. S. Durr, *Elements d'une grammaire de la déchéance*, in Sophie Coste–Dominique Carlat (a cura di), *Lire Bove*, Presses Universitaires de Lyon, Lyon 2003, pp. 196 e ss.

se stesso, ma al contempo anche troppo lucido per credere di poter cambiare il mondo.[39]

Un altro elemento rispetto al quale è possibile riscontrare una certa omogeneità di vedute da parte di molti studiosi, riguarda le motivazioni del sorgere, in alcuni dei personaggi boviani (tra cui certamente anche Benesteau), di questo senso *elitario*, che vengono fatte sostanzialmente risalire al rapporto con la figura paterna.

L'idea di rifarsi una vita, e il suo legame con l'eccezionalità e con il padre (o a ciò che simbolicamente lo sostituisce), non è peraltro esclusivo dell'opera di Bove ma, al contrario, sembra essere "uno dei grandi temi del romanzo tra le due guerre, che risale concretamente al pensiero dei Lumi e alla destituzione delle forme tutelari consacrate (in primo luogo Dio, la cui morte si ripercuote nel regicidio), al discorso rousseauiano del soggetto, in cui il sentimento dell'interiorità, che si sostituisce alla parola divina, diviene garanzia della verità del discorso e di conseguenza del suo carattere esemplare. Al seguito dello sviluppo delle scienze positive e dell'istituzione, intorno al 1900, di una morale laica per rimpiazzare Dio, il tema si preciserà a sua volta anche in campo politico (l'uomo nuovo comunista) e nel dominio delle arti (emergere delle avanguardie) e della letteratura. Il tema è al centro della vita e dell'opera della generazione del 1860 che frequenta i circoli simbolisti e che ha letto o sentito parlare di Nietzsche".[40]

Nel *Presentimento*, in effetti, tutto sembra cominciare con la morte del padre. Bove è su questo punto abilissimo nel lasciar intravedere, senza eccessive forzature, anzi con grande delicatezza, quanto sia questo l'evento determinante dal quale cominceranno a scaturire le prime fratture nell'ordinaria esistenza quotidiana condotta fino ad allora da Charles Benesteau, fratture che via via si trasformeranno in lacerazioni sempre più profonde e insanabili: *Quando vedo la quantità di gente che soffre* – afferma il protagonista del romanzo – *delle disgrazie che si abbattono su di loro, delle insidie che devono vincere, superare, per invecchiare, e poi penso alla mia vita, resto confuso. Si direbbe che una mano invisibile si sia compiaciuta a nascondermi tutto ciò che mi avrebbe potuto rattristare. Con questo non voglio dire*

[39] François Ouellet, *Emmanuel Bove. Contexte, références et écriture*, Éditions Nota Bene, Québec 2005, pp. 21-41

[40] François Ouellet, *D'un Dieu l'autre. L'altérité subjective d'Emmanuel Bove*, Éditions Nota Bene, Québec 1998, pp. 39-40.

che io abbia vissuto come in un sogno. Ho provato dei dispiaceri anch'io. Ma, se posso dire così, erano dei dispiaceri previsti, ai quali ero preparato dalla mia giovinezza. La morte di mio padre, ad esempio...[41]

Se, per molti versi, questo legame tra la figura paterna e l'opera di Bove sembra imporsi in tutta la sua sottile evidenza, come ho già peraltro sottolineato nel capitolo precedente, credo esso non sia sufficiente ad esaurire le possibili considerazioni che questo straordinario testo suggerisce.

Il presentimento è, a mio avviso, uno dei libri più significativi di Emmanuel Bove. La sua altalenante fortuna editoriale ha tuttavia seguito un singolare e curioso destino: pubblicato per la prima volta agli inizi del mese di ottobre del 1935 con il numero 172 delle *Oeuvres libres* (editore Arthème Fayard) verrà poi stranamente ripubblicato verso la fine di quello stesso mese, in una versione considerevolmente rimaneggiata, per le prestigiose edizioni Gallimard.

Dopo vari tentativi, che per oscure ragioni non erano mai andati a buon fine, si trattava, per l'allora trentasettenne scrittore di origini russe, della prima pubblicazione con il celebre editore parigino. Esperienza che risultò peraltro essere una sorta di fallimento commerciale: dei 3.300 esemplari della tiratura iniziale, infatti, ne verranno venduti soltanto 500.

Dopo questa prima comparsa nelle librerie francesi, *Il presentimento*, un po' come tutta l'opera di Bove, comincerà lentamente ad inabissarsi nelle profonde caverne dell'oblio, dalle quali riemergerà parzialmente soltanto dopo il 2006, grazie ad una serie di ristampe che faranno seguito ad una riuscita trasposizione cinematografica del romanzo, brillantemente sceneggiata da Jean-Pierre Darroussin e Valérie Stroh. Di tutti i libri di Bove, dunque, che com'è noto comincerà a vivere, in Francia e nel resto d'Europa, una sua seconda vita editoriale solo a partire dalla fine degli anni Settanta, *Il Presentimento* può essere considerato quello la cui riscoperta è avvenuta con maggiore (e diciamo pure colpevole) ritardo.

---

[41] Sull'influenza del padre sull'opera di Emmanuel Bove si veda, oltre all'oramai classica biografia Raymond Cousse–Jean-Luc Bitton, *Emmanuel Bove. La vie comme une ombre*, Le Castor Astral, Paris 1994, anche il recente saggio di Claude Burgelin, *Les Mal Nommés*, Seuil, Paris 2012.

Per quanto mi riguarda, la prima volta che mi era capitato di leggerlo, avevo avvertito immediatamente la netta sensazione di ritrovare, proiettati tra le righe, una serie di pensieri comuni, ammantati però da una greve profondità e da una stupefacente maestosità. È una sensazione che in genere affiora solo quando ci si trova di fronte ad una vera e propria opera di genio. Ogni rilettura successiva, compresa quest'ultima realizzata in occasione della sua prima traduzione in lingua italiana, mi avrebbe poi confermato quella mia stessa prima impressione.

Soffermarsi qualche altra riga su alcuni degli elementi di cui disponiamo, relativi alla genesi di quest'opera, può forse essere utile a comprenderne la singolare originalità.

Oltre ad essere stato pubblicato da due editori diversi in meno di trenta giorni, il testo presenta, tra un'edizione e l'altra, alcune modifiche tutt'altro che marginali.

Risulta molto difficile risalire alle motivazioni che hanno reso possibile una tale anomala situazione, così come altrettanto problematico sarebbe determinare il tempo intercorso tra la data in cui Bove aveva consegnato le bozze definitive della prima edizione all'editore Arthème Fayard e quella in cui affiderà il frutto del suo lavoro a Gallimard.

Resta però la certezza del fatto che tra l'una e l'altra edizione Bove apporterà, come accennavo, alcune significative modifiche.

Le più evidenti riguardano l'età del protagonista, i nomi di alcuni luoghi e, soprattutto, di alcuni personaggi, primo tra tutti proprio quello dell'eroe del romanzo (che, da Charles Morice, si trasformerà in Charles Benesteau).

Non mancano però anche altri interventi concernenti la sintassi, la lunghezza di alcune frasi, la cancellazione o la sostituzione di alcune parole. D'altra parte è ben nota, almeno tra coloro che hanno imparato ad apprezzare l'opera di Emmanuel Bove, la sua cura quasi maniacale per i dettagli apparentemente più insignificanti.

Pur non essendo il caso di dedicarsi in questa sede ad un'analisi dettagliata delle diverse trasformazioni intervenute tra la prima e la seconda pubblicazione, sulle quali avranno certamente modo di soffermarsi altri specialisti,[42] credo sia molto importante mettere in luce un particolare che può essere a mio avviso rivelatore: Charles Morice – come dicevamo – è "un uomo sulla quarantina"; Charles Benesteau è invece "un uomo sulla cinquantina". Nel primo, possiamo identificare precisamente l'autore alle prese con il suo stato presente; nel secondo possiamo immaginare invece una proiezione dello stesso Bove, visto in una chiave più ottimistica ma non per questo meno drammatica. Di fatto, com'è noto, il nostro autore morirà a soli quarantasette anni.

Emmanuel Bove, nel 1935, era nel suo trentasettesimo anno d'età e appariva particolarmente ossessionato dall'idea della morte. Se non vogliamo parlare di una vera e propria angoscia, certamente è legittimo far riferimento a quella crescente consapevolezza della finitudine e – soprattutto – alla perdita definitiva di ogni possibile attribuzione di senso alla propria morte, che avvertiva sempre più prossima. Si ha la netta sensazione, o almeno questo è quanto lasciano legittimamente ipotizzare alcune riflessioni dello stesso Bove, di trovarsi di fronte a un tentativo di tradurre in termini letterari un sentimento di forte disagio esistenziale.

Dalla biografia di Emmanuel Bove apprendiamo, infatti, che proprio in quegli stessi anni in cui veniva componendo *Il presentimento*, gli veniva diagnosticata una pleuresia, malattia che, data l'epoca, poteva essere considerata una specie di sentenza definitiva. In ogni caso molti indicatori lasciano supporre che questa diagnosi abbia notevolmente influenzato, a partire da allora, il suo atteggiamento di fronte all'esistenza. Risulta a tal proposito particolarmente rivelatore un celebre (per gli appassionati di Bove) manoscritto, ritrovato in un suo vecchio quaderno e redatto alla vigilia del suo quarantesimo compleanno: *Mi trovo solo in una stanza d'hotel* – egli scrive – *come alla fine del novembre del 1916. Ma c'è una differenza. Ora ho 40 anni. Osservo il passato, che ora rappresenta la parte più importante della mia vita e, per quanto provi a rivedere le cose, io non vedo che migliaia di fatti insignificanti. Niente di grande, niente di nobile, niente che sia degno di essere citato. Niente mi sembra più tragico nella vita di questa specie di chiusura che, man mano che ci avviciniamo alla vecchiaia, si avvicina a noi. Dolcemente il provvisorio diviene definitivo.*[43]

---

[42] Tra le altre, va assolutamente segnalata la brillante operazione letteraria sperimentata in un originale libro di David Nahmias, *Emmanuel Bove. Carnet d'une fugue*, Le Castor Astral, Paris 1998.

[43] Cousse–Bitton (1994), op. cit., p. 196.

Come se l'uomo cominciasse a percepire il formarsi, nel quotidiano e regolare svolgimento della sua esistenza, di una prima ferita, destinata a diventare con il trascorrere del tempo sempre più lacerante. È nell'ambito di questo percorso biografico che a me sembra plausibile attribuire un significato particolare alla creazione di un personaggio le cui vicissitudini sembrano rispecchiare, nella magia della letteratura, la straordinarietà di questi drammatici eventi.

Non riuscendo a dare un senso al modo in cui tutti gli altri danno un senso alla propria esistenza, stanco di vivere in un ambiente in cui "tutti vivono come se fossero immortali", circondato da ipocrisie e cattiverie di varia natura, l'eroe del romanzo prova la strada di un cambiamento radicale di vita. Tale cambiamento però mostrerà subito la sua ingenuità: egli scoprirà che non è solo l'ambiente in cui è cresciuto; non è solo la borghesia agiata alla quale appartiene; non è il solo entourage familiare ma è l'esistenza umana tutta ad essere connotata da un'inutile e gratuita malvagità. Insomma, detto altrimenti: una volta constatato e verificato sulla propria pelle che l'ipocrisia, la cattiveria e la disonestà non sono solo una caratteristica del suo ceto sociale; che esse non dipendono solo dall'interesse e dal denaro, o da specifiche motivazioni socio-ambientali, l'eroe si ritrova di fronte ad una sorta di estrema fase del processo di disincanto dal quale, per i motivi già accennati, aveva preso il via la sua scelta radicale di cambiamento. Insomma, quella che agli inizi si presentava ancora come una piccola crepa, una sorta di breve curvatura nell'ambito dell'altrimenti lineare e prevedibile percorso della quotidianità, comincia ad estendersi in modo definitivo e irrimediabile. Da lì in avanti, le dighe alzate contro l'assurdità della morte (e dell'esistenza) cominceranno a corrodersi. Un modo di sentire e di interpretare la letteratura che può far ricollegare Emmanuel Bove a tanti altri grandissimi artisti che hanno fatto la storia della cultura occidentale nella prima metà del Novecento. Da Robert Musil a Rainer Maria Rilke (che peraltro aveva incontrato Bove), da Franz Kafka a Herman Broch e a tanti altri artisti che possono essere inscritti in un ambiente culturale in cui l'idea metafisica di una soggettività unica, stabile e tendenzialmente immortale viene messa radicalmente e definitivamente in discussione. Una forma di profondo scetticismo che minerà ogni residua certezza ontologica. Rifacendoci a Kafka, potremmo dire che "l'uomo non può vivere senza una costante fiducia in qualcosa di indistruttibile dentro di sé"; che chiunque agisca (e tutti senza eccezione agiscono), nel momento in cui agisce non può fare a meno di sentirsi immortale. Una volta, però, che una minuziosa e dettagliata analisi razionale della vita quotidiana tende a rivelare l'assoluta assurdità di ogni progetto metafisico, ecco allora che, da un eccesso di razionalità, può scaturire la follia. Oppure – ed a volte il procedimento è molto simile – possono erompere forme straordinarie di espressione artistica. Come quelle di un celebre passaggio di *Sur l'eau*:

In certi giorni io provo orrore di ciò che c'è fino a desiderare la morte. Io sento una sofferenza soffocante di fronte alla monotonia dei paesaggi, delle figure, dei pensieri. La mediocrità dell'universo mi stupisce e mi ripugna, la piccolezza di tutte le cose mi riempie di disgusto, la povertà degli esseri umani mi annienta (...) perché questa sofferenza di vivere laddove la maggior parte delle persone non prova che soddisfazione?[44]

---

[44] Il brano pare sia stato rammentato a Beucler da Drieu La Rochelle: cfr. André Beucler, *De Saint-Pétersbourg à Saint Germain-des Prés*, Gallimard 1980, p. 214.

Scrivere l'Altro
Esistenza e Letteratura
in Carlos Liscano

1
No hay oscuridad más poblada que la noche
desierta del que intenta dormir.
Pasan caras, ilusiones, fracasos. Toda la noche.
Amanece, y el desfile no ha terminado.
2
Acurrucado, con la cara vuelta a la pared, los ojos
cerrados,¿qué cosa se le pide a la noche que no pueda
dar el día?
3
Salir a la noche y caminar.
Caminar, caminar sin sueño, caminar buscando
no respuestas sino la respuesta a la única pregunta:
¿Para qué ?
Avanzar hacia la madrugada hasta encontrar una
pared, una parecita cualquiera de cualquier barrio
de esta ciudad.
Mirarla y preguntarle ¿para qué?
4
Saber que la pared es muda y aún así hacerle la
pregunta.
Quedarse de pie toda la noche y esperar la
respuesta.
rascar la pared con las uñas ya en la madrugada
y la pared en silencio.
Volver a la pared, noches, años , con la misma
pregunta.
Dejar lugar junto a la pared para nuevos pregun-
tadores.
No decirles que la pared no habla.
No decirles que la misma pregunta se le ha hecho
millones de veces.
Así los otros volverán. Así no habrá que pasar la
noche solo, preguntando para qué para qué para qué.

(Carlos Liscano, *Para no pasar la noche solo*, in *La
sinuosa senda*)

Come un pugno nello stomaco. La bocca dello stomaco. Chiunque abbia a cuore la letteratura, non può non restare colpito dalle riflessioni sulla scrittura e il mestiere di scrivere che Carlos Liscano propone nel suo denso e profondo libro *Lo scrittore e l'altro*.[45] Pur trattandosi di un genere di analisi che gode di un'antica e celebrata tradizione nell'ambito della cultura occidentale, è raro trovare autori in grado di scandagliare, con una tale onestà e sensibilità artistica, le sofferenze e i tormenti che talvolta accompagnano lo sdoppiamento e la precarietà esistenziale di chi decide di fare di se stesso uno scrittore.

La prima azione – sostiene Liscano –, il primo passo da compiere a tal fine, è quello di inventarsi un personaggio, un doppio cui affidare il compito di scrivere le proprie opere. A partire da ciò, una volta realizzata la creazione di questo "parassita perennemente insoddisfatto", il Sé si vedrà trasformato in una sorta di servo: diventerà cioè colui che dovrà provvedere a risolvere le incombenze più comuni della quotidianità – come trovare il tempo e il denaro per fare la spesa o per pagare le bollette della luce – al fine di rendere possibile che lo scrittore possa dedicarsi a produrre le sue opere.
Scrivere, ci dice Liscano, è un modo di *stare fuori*. "L'Altro cerca di stare dentro, ci riesce, si riunisce con gli amici, parla con i vicini, prova ad essere uno di loro". Ma sarà sufficiente un momento di distrazione e il personaggio tenderà a prendere le distanze, si collocherà al di fuori per osservare i fatti, per osservare gli altri, per osservare il povero Altro che invano starà cercando di vivere con i suoi simili, per restare nel mondo "(...) senza volerlo documentare, senza pretendere di metterlo su carta".

Insomma, da una parte ritroviamo una persona che vorrebbe avere solo una vita come le altre, una vita comune; dall'altra il suo doppio che lo tormenta dall'interno, lo sospinge fuori dalla rete delle interazioni sociali e tende a trasformarlo in un osservatore distaccato.
Ed è proprio a causa di questa vera e propria "etica del rifiuto", che caratterizza l'idea che Liscano ha della letteratura – come peraltro aveva

---

[45] Carlos Liscano, *Lo scrittore e l'altro*, Lavieri, S. Angelo in Formis (CE) 2011.

già acutamente rilevato Carina Blixen nella sua prefazione all'edizione originale del testo –, che si potrebbe includere l'autore uruguayano tra coloro che soffrono della cosiddetta *Sindrome di Bartelby* a suo tempo individuata da Enrique Vila-Matas,[46] accomunandolo a quella nutrita schiera di scrittori per i quali la letteratura deve essere considerata una forma radicale di non accettazione della realtà.

Mettersi in disparte, isolarsi, rifiutare la realtà è però un comportamento che, a lungo andare, potrebbe indurre a rasentare la zona grigia della follia. È un territorio, questo, che Liscano dimostra di conoscere molto approfonditamente ed è anche l'ambito in cui le sue riflessioni teoriche sulla letteratura si mescolano in maggior misura con la sua biografia.

"Scrivere sulla letteratura – egli afferma – è una scusa". È un pretesto per non scrivere sulla vita.

Una vita, quella di Liscano, profondamente e indelebilmente marcata dalla tremenda esperienza della reclusione, della tortura, dell'isolamento nell'ambito di un sistema dittatoriale che in Uruguay, agli inizi degli anni Settanta, aveva provveduto a reprimere brutalmente ogni possibile tentativo di opposizione politica e sociale. Dall'età di ventitré anni, e per circa tredici anni, Carlos Liscano sarà pertanto costretto a vivere la terribile esperienza del carcere, cui faranno seguito altri dieci anni di esilio in Svezia, prima di fare definitivamente ritorno nella sua Montevideo, dove tuttora risiede.

Saranno queste le condizioni in cui prenderà vita lo scrittore; ed è nel racconto di una tale straordinaria esperienza esistenziale che affiorano a mio avviso le pagine più toccanti di questo libro. Pagine in cui Liscano riesce a fare della letteratura uno strumento per svelare gli aspetti più intimi della sua sfera affettivo-emotiva: quelli legati alla sofferenza, alla solitudine, al dolore. Tutti sentimenti spesso celati da una forma di pudore non soltanto – come si potrebbe erroneamente pensare – intima e individuale, ma anche pubblica. Un pudore collettivo che spesso nega o distorce il senso della memoria che le comunità si trovano a dover condividere e trasmettere di generazione in generazione.

Ci sono alcune righe del libro di Liscano che, a tal proposito, andrebbero rilette con particolare attenzione:

---

[46] Enrique Vila-Matas, *Bartelby y compania*, Anagrama, Barcelona 2000 (trad. italiana *Bartelby e compagnia*, Feltrinelli, Milano 2002)

"È stato scritto sulla repressione in Uruguay durante l'ultima dittatura. Si scrive sulla repressione e si pubblica. Sembrerebbe che non ci sia niente di indicibile su quello che è accaduto. Questa è l'immagine che si ha. Anch'io ho scritto di quello che è successo. Ciononostante ciò che si dice è quello che sta in superficie. Tutta la violenza, la paura, il terrore, le vessazioni, non si diranno mai.
È difficile raccontare la tortura perché è un'intimità. È come la propria vita sessuale, non c'è motivo per raccontarla se non nell'intimità o nella terapia (...).
Tutto questo, è chiaro, è una ricostruzione della mia testa trent'anni dopo. So che *El furgon de los locos* non dice tutto ciò che è successo. Può essere dovuto alla mia imperizia, ma c'è una parte che è indicibile. Il terrore è indicibile, la prospettiva che la tortura non ha tempi, che inizia e non finirà mai, che si può essere torturati per giorni, settimane, mesi, questo è indicibile. In qualunque momento, cinque, sei, otto anni dopo, potevano cacciare un prigioniero dal carcere per torturarlo".

Eccolo il punto: l'indicibile, l'inenarrabilità di tutto ciò che è così dolorosamente intimo. Si impone allora una domanda di tipo teorico: è possibile comunicare il dolore? E ancora: come si può narrare il dolore a chi non sia emotivamente disposto ad ascoltare?

Il discorso è molto delicato e credo meriti qualche approfondimento. Ogni narrazione presuppone il riferimento a un'interazione nell'ambito della quale uno specifico contenuto viene raccontato, ovvero viene messo in comune. Questo "specifico contenuto" è spesso l'evocazione di un evento. Ogni comunità ha i suoi racconti, condivide cioè delle narrazioni il cui fine principale non è tanto quello di scambiarsi delle informazioni, quanto soprattutto di consolidare le relazioni tra i suoi membri. Certe narrazioni servono, infatti, a ribadire che una serie di eventi verificatisi in passato costituiscono il fondamento di un legame comune – di un'identità collettiva – che è necessario rinsaldare. E questo avviene proprio attraverso la condivisione del loro racconto. È anche per tale motivo che ogni comunità trasmette, di generazione in generazione, sempre le stesse storie, gli stessi racconti, gli stessi miti.

È un bisogno di stabilità intergenerazionale quello che si nasconde dietro le grandi narrazioni collettive. Raccontare sempre *le stesse storie* implica effettivamente, tra l'altro, il saper prevedere come si svolgeranno i fatti; implica sapere come andranno a finire le cose. Significa, insomma, tenere a bada i pericoli dell'ignoto, superare le incertezze, deproblematizzare la quotidianità e potersi affidare più serenamente alla routine.

Cosa accade, ci chiedevamo poc'anzi, quando l'oggetto della narrazione è però rappresentato da qualcosa di così profondamente doloroso, inaccettabile, destabilizzante? Cosa succede quando qualcuno pretende raccontarci che gli eventi non sono andati secondo le aspettative previste? È possibile che le storie *non* siano sempre le stesse?

È un tema con il quale, purtroppo, la cultura occidentale ha dovuto fare i conti molto spesso, in particolare a partire dalla seconda metà del secolo scorso, a causa delle immani tragedie che si sono consumate durante il periodo bellico. Le vessazioni, le umiliazioni, le torture di cui sono stati sfortunati protagonisti milioni di individui, hanno fatto emergere non solo innumerevoli testimonianze, ma anche una straordinaria letteratura ad esse relative, che continuano a riproporre con forza l'ineludibile centralità, nonché la peculiare delicatezza, delle questioni su cui Liscano, a suo modo, ci suggerisce di riflettere.

Sono state prodotte pagine memorabili sulla difficoltà dei testimoni o dei reduci di poter trovare interlocutori disposti ad ascoltare i loro racconti.[47] Una difficoltà legata al fatto che la realizzazione di una tale comunità narrativa presupporrebbe la messa in dubbio di quelle rassicuranti storie comuni indispensabili ad addomesticare le pericolose vertigini dell'ignoto. È possibile condividere racconti di una tale violenza, di un tale orrore, di una tale disumanità?

A questo si aggiunge la scarsa fiducia che il testimone stesso tende a riporre nelle proprie capacità di poter o saper trasmettere il senso di determinate esperienze, così profondamente legate alla propria sfera personale.

---

[47] Tra le più emblematiche ricordiamo quelle relative al saggio di Alfred Schutz, *Il reduce*, in Saggi Sociologici, Utet, Torino 1979.

E allora i racconti dei sopravvissuti rischiano di omettere ogni riferimento al dolore e alle sofferenze più intime per lasciare spazio alle statistiche, al conteggio dei morti e dei feriti, alla cronologia degli avvenimenti, all'analisi dei danni agli edifici, alle strade, alle fabbriche, alle cose. Il vissuto, e in particolare quello più sconvolgente, finisce così per essere relegato nei recessi della storia ufficiale, a pochi passi dall'oblio. Essi diventano, appunto, *inenarrabili*.[48]

Un esempio tra i tanti è quello di Jorge Semprún il quale, dopo aver inutilmente tentato per circa vent'anni di raccontare la propria esperienza nei campi di concentramento, scrive di aver capito – nel suo impareggiabile *La scrittura o la vita*[49] – l'impossibilità di poter trasmettere il senso della propria testimonianza se non attraverso il ricorso all'arte, ovvero grazie al supporto dell'artificio. Così egli descrive il primo giorno in cui incontra, nei campi oramai liberati, i primi alleati:

> "Stanno davanti a me, con gli occhi sbarrati e d'improvviso io mi vedo nel loro sguardo di terrore, nel loro sgomento. Essi mi guardano con gli occhi impauriti, pieni di orrore. È l'orrore del mio sguardo che il loro sguardo pieno di orrore rivela. Se i loro occhi sono lo specchio, io devo avere lo sguardo da folle, uno sguardo sconvolgente (…)".

Come superare un trauma del genere? Come riuscire a comunicare il senso di solitudine di un uomo che, dopo mesi e anni di bestiale reclusione, privato anche di un oggetto apparentemente così banale come uno specchio con il quale potersi osservare, scopre attraverso lo sguardo terrorizzato di uno sconosciuto di essere diventato una sorta di relitto umano? È tremendamente difficile – ci fa capire Semprún – specchiarsi nelle proprie miserie, nelle parti più disumane di sé. Si fa fatica a dover essere i testimoni di quell'orrore che si riflette su di noi e che

---

48 Anche su questo tema la letteratura è copiosa. Per un'interpretazione originale e suggestiva cfr. Antonio Cavicchia Scalamonti, *La morte. Quattro variazioni sul tema*, Ipermedium libri, Napoli 2009 o anche Gianfranco Brevetto, *Mosche! Letteratura, metamorfosi, presentimento*, Aracne, Roma 2008, pp. 64-67.

49 *Jorge Semprún, La escritura o la vida*, Tusquets, Barcelona 1995 (trad. italiana, *La scrittura o la vita*, Guanda, Milano 2005).

rappresenta tutta la sostanza della crudeltà di cui l'essere umano è capace.

Di qui la messa in dubbio della possibilità di poter raccontare un tale vissuto. Un corto circuito che si può superare solo con il supporto dell'arte: non si tratta – come ci ricorda ancora Semprún – della forma del racconto, ma della sua sostanza; non è la sua articolazione ma la sua "densità", ciò che conta. Soltanto coloro che sapranno fare della loro testimonianza uno spazio artistico riusciranno a raggiungere quella sostanza, quella che egli definisce una *densità trasparente*, in grado di coinvolgere chi ascolta in una vera comunità narrativa.

Perché – ancora e soprattutto – il vero problema resta quello di riuscire a trasmettere il senso e il significato della narrazione. Il che risulterebbe impraticabile senza il linguaggio dell'arte. "Raccontare bene – egli dice – significa essere capiti. E ciò non è possibile senza un minimo di artificio. Quanto basta affinché il racconto possa diventare arte. La verità essenziale, quella che nessuna ricostruzione storica potrà mai raggiungere."

Idee molto simili a quelle di un altro sopravvissuto – il britannico Christopher Burney – meno celebre di Jorge Semprún, ma la cui esperienza è però molto più vicina a quella vissuta da Liscano, il quale descrive, in un appassionante libro,[50] i suoi diciotto mesi di reclusione trascorsi in una cella d'isolamento durante la Seconda Guerra Mondiale, e la necessità di dover ricorrere non solo all'artificio, ma ad una vera e propria disciplina ascetico-artistica per poter, da una parte, sopravvivere fisicamente e, dall'altra, per poter raccontare la sua esperienza evitando i tranelli, in perenne agguato, della follia incipiente.

> "Il carattere sgradevole di un'esperienza – egli scrive – sembra più accentuato attraverso lo scritto di un altro che attraverso il proprio ricordo. L'immaginazione può infiammarsi più in fretta della memoria (…). Così, per compensare questa bizzarria della mente umana ho dovuto sacrificare qualcosa a ognuna delle estremità, mentre era in ogni caso impossibile dipingere tutto il quadro dando intelligibilità a

---

[50] Christopher Burney, *Solitary Confinement*, 1961 (trad. italiana, *Cella d'isolamento*, Adelphi, Milano 1968).

ogni suo particolare: tra un'azione e l'altra c'era un vuoto così totale che il quadro sarebbe stato come la descrizione dell'universo fatta da un astronomo. S'imponevano delle scelte e, entro questi limiti, alcuni artifizi".[51]

Credo che lo slancio creativo che ha consentito infine a Carlos Liscano di gettarsi nel suo "delirio di credersi uno scrittore" e di inventare l'Altro come strumento per sfuggire alle torture e all'incomunicabilità della solitudine, possa essere considerato – alla pari di altri straordinari autori, come quelli citati – prodotto dalla stessa indomabile fiducia nella Letteratura come strumento di celebrazione della libertà umana di fronte alle più crudeli e intollerabili sfide poste dalla barbarie.

[51] Ivi, pp. XI-XII.

La verità è finzione
Alberto Manguel e il grande dubbio della modernità

La modernità occidentale – notava Norbert Elias – è come una mela al cui interno sia maturato un verme: quello del continuo *dubbio* sulla reale consistenza e sulla certezza della verità di tutto ciò che è indipendente da colui che conosce.

Alberto Manguel è uno di quegli autori la cui scrittura sembra voler tendere continuamente a ribadire, attraverso le sue seducenti intuizioni romanzesche, le insidie correlate alla diffusione di una tale idea, evitando però di far ricadere le sue riflessioni in quella che può essere considerata una delle sue derive meno nobili: il relativismo.

Pur essendo sostanzialmente un grande saggista, di tanto in tanto Manguel riesce a proporre al suo pubblico dei romanzi dai quali emerge una sensibilità grazie alla quale diviene quasi naturale collocarlo tra i più brillanti eredi di quella grande letteratura latinoamericana che ha in un certo senso rivelato in modo assolutamente originale tale intuizione, alle cui origini troviamo maestri come Roberto Arlt, Jorge Luis Borges o lo stesso Juan Carlos Onetti. Manguel è infatti uno di quegli scrittori che, proprio come questi suoi grandi predecessori, è in grado di farci comprendere quanto sia un errore credere che gli uomini inventino, sognino e fantastichino nello stesso modo in cui vivono mentre, casomai, è vero l'esatto contrario: inventiamo, fantastichiamo e sogniamo proprio ciò che vorremmo vivere senza riuscirci. L'invenzione letteraria serve, infatti, proprio per vivere come una finzione ciò che vorremmo fosse reale, grazie al seducente rispecchiamento prodotto da coloro che raccontano storie. Quest'altra vita – *de mentiras*, come sostiene Mario Vargas Llosa in un suo recente saggio – "che ci accompagna fin da quando cominciammo quel lungo pellegrinaggio che è la storia umana, non ci riflette in quanto specchio fedele, ma come uno specchio magico che, penetrando in tutto ciò che appare, ci mostra la nostra vita più recondita, quella dei nostri istinti, dei nostri appetiti e desideri, dei nostri timori e fobie. *La vita dei nostri fantasmi, quelli che ci abitano*".[52]

Nel suo *Todos los hombres son mentirosos*,[53] il tema del rapporto tra fiction e realtà, tra invenzione e verità, tra immaginazione e memoria, viene magistralmente riproposto da Manguel attraverso la narrazione di

---

[52] Mario Vargas Llosa, *El viaje a la ficción*, Alfaguara 2010, p. 29.
[53] Alberto Manguel, *Todos los hombrs son mentirosos*, RBA 2008.

un'inchiesta giornalistica avente come oggetto la soluzione del caso della misteriosa scomparsa del geniale scrittore argentino Alejandro Bevilacqua, verificatasi trent'anni prima.

Cosa diventa la verità dopo tutto questo tempo? Come si trasformano la verità e i criteri stessi attraverso i quali è possibile verificarla legittimamente? Cosa può rendere più o meno credibile un evento cui è possibile accedere solo attraverso alcune testimonianze, quando sappiamo – come peraltro già ammonivano i Salmi – che *"todos los hombres son mentirosos"*?

Terradillos, un giornalista francese, è impegnato in un'inchiesta il cui scopo è appunto quello di riuscire a chiarire alcuni aspetti della vicenda che, verso la metà degli anni Settanta, aveva condotto Alejandro Bevilacqua alla morte a seguito di una caduta dal balcone della sua casa di Madrid. Un suicidio. O forse no! L'inchiesta vede coinvolti innanzitutto un personaggio che risponde al nome dello stesso Alberto Manguel; poi una sedicente amante spagnola della vittima, in seguito uno scrittore argentino che assicura di essere stato l'unico confidente di Bevilacqua e che giura di aver condiviso con lui, nella stessa cella, i terribili anni di prigionia ai tempi della dittatura militare argentina; e infine addirittura il fantasma di un delatore già morto che, dall'aldilà, continua a ritenere di poter contribuire alla ricostruzione della verità, rivelando fatti ed avvenimenti fino ad allora trascurati o del tutto dimenticati.

In un certo senso, fatti i dovuti e opportuni distinguo, ci troviamo di fronte ad una sorta di versione letteraria di *Rashomon*, il capolavoro cinematografico realizzato da Kurosawa in cui due personaggi, rifugiati sotto la decrepita porta di *Rashô*, nei pressi di quella che una volta era stata la capitale dell'impero nipponico, narrano e rivivono attraverso dei geniali flashback, le testimonianze di un processo, al quale avevano assistito, per l'omicidio di un samurai. Le deposizioni dei due testimoni e indagati (la donna della vittima e un bandito che li aveva sorpresi da soli in un bosco), pur essendo contrastanti (ognuno accusa per motivi diversi se stesso dell'omicidio), risultano essere entrambe verosimili, il che crea un forte imbarazzo tra i giudici, che non riescono a comprendere quale delle due ricostruzioni degli eventi corrisponda alla verità. Messi alle strette, essi decidono allora di convocare in tribunale una fattucchiera per interrogare, grazie al suo tramite, direttamente il fantasma della vittima stessa. Quest'ultimo però fornisce addirittura una terza versione dei fatti, accusando praticamente se stesso: deluso dal comportamento della sua donna, che aveva avuto una relazione con il bandito, egli confessa infatti di aver fatto ricorso ad un *harakiri*, uccidendosi con il coltello di lei.

Lasciando da parte il film, che avrà peraltro un suo brillante epilogo, certamente noto ai più, è interessante notare quanto il tema oggetto del romanzo di Manguel possa essere considerato un vero e proprio "mito" della modernità, quello che ripercorre il *topos* della più nichilista delle versioni moderne del relativismo, che può giungere fino alla negazione assoluta del valore epistemico della verità.

Un assassinio che non si sa bene se sia stato un assassinio, una morte accidentale o forse anche un suicidio. Il mistero irrisolto di un manoscritto, che diventerà poi un capolavoro, con troppi ipotetici autori e una donna per la quale nulla sembra essere più erotico della fama letteraria. Un uomo ricattato che si rivela un grande seduttore e uno vile e meschino che finisce per essere riscoperto quasi come un eroe. Tutti potrebbero mentire, anche se forse tutti questi testimoni stanno dicendo la verità, una loro verità alla quale credono fermamente, come se fosse l'unica possibile, quella naturale, assolutamente e ineludibilmente reale.

La verità relativa all'identità una persona, poi, sembra essere ancora maggiormente certa, soprattutto per coloro i quali hanno la pretesa di averla conosciuta meglio, più a fondo. Infatti, come racconta la donna di Alejandro Bevilacqua al giornalista-investigatore Terradillos, può essere solo lei l'*unica*, la *vera* testimone, quella alla quale Alejandro "*le contò la vida entera: la verdadera, la ìntima, la escabrosa*". E non ci sarebbe da dubitare che si tratta di un resoconto onesto e sincero. Il punto è che, diversamente da ciò che nel senso comune siamo in un certo qual modo obbligati a credere, se non altro per comodità, le persone, tutte le *persone*, albergano necessariamente dentro di sé ben più di un solo *personaggio*, coerente e omogeneo come potrebbe apparire in una sua rappresentazione pubblica. In effetti è forse proprio così, come magnificamente sembra volerci far notare Manguel, che accade con i frammenti dell'esistenza di Alejandro Bevilacqua, come con quelli di tutti gli uomini: ognuno dei testimoni della nostra esistenza potrà rappresentare – se gli verrà richiesto – quella che è la "sua" verità sulla nostra identità, solo a partire da quelli che sono dei brandelli, dei frantumi di biografia che, per quanto "veri", risulteranno sempre parziali perché inevitabilmente mediati dal punto di vista dell'interlocutore che ne ricostruisce l'esistenza.

Con l'aggiunta, però, di un'intuizione che mostra quanto l'autore sia profondamente compenetrato nei meccanismi più intimi legati alla retorica della letteratura: più della vita stessa, ciò che sembra interessare maggiormente i protagonisti del romanzo di Manguel è la certezza dell'identità dello scrittore di un'opera letteraria. Più della verità stessa sull'omicidio (o sul suicidio) di Alejandro Bevilacqua, il motivo che evidentemente percorre tutto il romanzo sembra essere, infatti, proprio il venire a capo della vera identità del geniale autore di *Elogio de la mentira*, il "capolavoro" attribuito all'uomo così misteriosamente scomparso.

Nella vita nulla è reale, insomma. A meno che – sembrerebbe suggerire Manguel – tale realtà non venga narrata in un libro. Un libro di letteratura, *ça va sans dire*.

Avere come l'impressione di essere morto vecchio
Recensendo una recensione ad Enrique Vila-Matas

Lo scrittore catalano Enrique Vila-Matas ha pubblicato un libro dal titolo *Chet Baker piensa en su arte*. Una raccolta di racconti tra cui spicca, dando anche il titolo all'intero volume, quella che, più che un vero e proprio racconto, può essere considerata una sorta di *fiction critica* (come egli stesso la definisce), ovvero un modo per proporre riflessioni e appunti sulla letteratura attraverso lo strumento della fiction. Operazione non nuova, ovviamente, comune peraltro a molti grandi intellettuali del nostro tempo.

Lo stesso scrittore argentino Ricardo Piglia, recensendo proprio *Dublinesca*, un altro importante romanzo dello stesso Vila-Matas, ha compiuto a sua volta, e con la sua solita grande maestria, un'operazione molto simile, dando così vita a una sorta di *mise en abime* che potrebbe essere prolungata all'infinito. Vediamo in che senso: il protagonista di Dublinesca si chiama Samuel Riba, è morto, ma è anche vivo. È un eroe che, nel corso della narrazione, ripercorrendo alcune fasi della nostra storia culturale, riflette su questioni ritenute particolarmente significative per la formazione del mondo occidentale: insomma un vero e proprio topos. Mentre legge Dublinesca – il cui titolo rinvia evidentemente a James Joyce – Ricardo Piglia nota alcuni elementi che gli ricordano un altro grande scrittore irlandese – Samuel Beckett – e passa a citare una splendida frase presente in *Le Calmant* (il primo testo di Beckett scritto direttamente in francese): "Non so più quando sono morto. Ho sempre avuto come l'impressione di essere morto vecchio" (*Je ne sais plus quand je suis mort. Il m'a toujours semblé être mort vieux*).

L'analogia con Samuel Riba, il quale – come appena ricordato – è appunto un morto-vivente, è quindi più che comprensibile. L'eroe vilasmatiano, portandosi dietro tutta l'inesorabile malinconia propria della categoria dei "vivi-ma-morti", ripercorre la grande capitale irlandese in compagnia di un gruppo di amici per celebrare al contempo Joyce e la triste ricorrenza della morte della letteratura.

Lasciando da parte le riflessioni di Piglia sulle straordinarie capacità di Vila-Matas di raccontare, attraverso uno stile al contempo nostalgico e ironico, storie di così grande importanza per la letteratura occidentale, veniamo dunque al *Chet Baker piensa en su arte*. In questa splendida e, come al solito, originale narrazione "critico-fictionale", l'oggetto centrale della riflessione, in perfetta sintonia con quanto elaborato in Dublinesca, è quello, delicatissimo, della sostenibilità o meno dell'ordine narrativo tradizionalmente riservato dalla letteratura alla descrizione dell'esistenza. "Ci tranquillizza – scrive Vila-Matas introducendo il suo lavoro – la semplice sequenza, l'illusoria successione dei fatti. Ciononostante, c'è una grande divergenza tra la confortevole narrazione e la brutale realtà del mondo". Come diceva Musil – il quale già ai suoi tempi pensava che nel mondo non fosse oramai più presente quella semplicità inerente all'ordine tradizionale del raccontare – tutto è diventato adesso non-narrativo. Il mondo stava già allora, evidentemente, cominciando a diventare plurale, multidimensionale, frammentario e, soprattutto, senza senso: un universo attraverso il quale difficilmente sarebbe stato oramai più possibile approssimarsi a un assetto sociale ed esistenziale equilibrato, misurabile, prevedibile come quello dell'ordine socioculturale ipotizzato agli albori della modernità occidentale.

Eppure Vila-Matas riconosce di non trovarsi del tutto a suo agio con una tale posizione: se è vero che si è verificato un vero e proprio divorzio tra la narrazione della realtà e la sostanziale "inenarrabilità" di quest'ultima – sostiene, senza alcun timore di poter eventualmente esporsi al rischio di clamorose contraddizioni – egli sembra altrettanto convinto del fatto che ci troviamo in una fase di progressiva rinascita della narrazione e della narrabilità dell'esistenza che si colloca sempre più al centro della scena culturale. "Ovvero – egli scrive – così come credo che la non narratività (almeno dal punto di vista formale) di Finnegans Wake di Joyce sia arte pura, considero allo stesso modo sommamente artistico, ad esempio, un libro così pieno di ingegno narrativo quale è Il fidanzamento del signor Hire (Les fiancailles de Monsieur Hire) di Georges Simenon".
La questione, come dicevo, è in effetti molto delicata: Beckett sosteneva che gli scrittori realisti dessero vita ad opere discorsive perché interessati a parlare delle "cose" o sulle "cose", mentre invece l'autentica arte dovrebbe essere riferita alla "cosa stessa". Certo, come ricorda ancora Vila-Matas, la rotta seguita da Finnegans è evidentemente più nobile, più affine al linguaggio caotico della realtà e a "quel vago fluttuare delle nostre vite" di cui parlava Kafka; ovvero, più affine alla realtà barbara e muta, senza significato, delle cose. Il punto, insomma, sembra essere proprio questo: la discrepanza tra la rassicurante

narrazione della realtà e la selvaggia verità che essa potrebbe rivelare se ci lasciassimo trascinare da una modalità più istintuale e meno confortevole di manifestazione artistica.

I mondi che così abilmente Enrique Vila-Matas intende mettere in discussione diventano dunque quelli della realtà muta e inenarrabile, profonda e fantasmatica; che riguardano sia gli individui che le collettività, sia la realtà del presente sia quella del passato, sia i cosiddetti mondi interiori sia quelli esteriori, sia quelli soggettivi sia quelli oggettivi. In un certo senso, riflettendoci bene, la storia della letteratura è sempre stata, fin dai suoi esordi, la storia di una ribellione costante e continua contro le leggi e le forme inventate e in qualche modo trasmesse dalla tradizione letteraria stessa; rappresentativa, se vogliamo, delle definizioni più comuni del senso comune.

Il valore di un'opera d'arte, in fondo, più che dalla sua utilità, dovrebbe essere determinato dalla sua capacità di liberarci da quei modi di pensare, di sentire e di agire che il senso comune rende molto simili a dei veri e propri automatismi. Da qui l'assoluta centralità, per ogni artista, di riuscire a saper rivelare l'inesorabile e spesso fatale mistero di ogni cosa, di essere in grado di alimentare il suo dubbio costante, come quello, ad esempio, di non essere già morto, pur coltivando la sensazione di ricordare di essere già morto una volta.
Pur essendo, all'epoca dei fatti, già troppo vecchio per poterlo poi ricordare.

I *figli del desiderio*
Una recensione a *La ritirata della morte*, di Paul Yonnet

Cos'è che ha reso così particolare e specifica la società occidentale moderna? Cos'è che le ha conferito quel carattere di assoluta unicità tra tutte le società mai esistite nella storia? A domande del genere, com'è noto, molti studiosi hanno provato a fornire risposte più o meno originali, più o meno complesse. Da quelle che si rifanno a una sorta di determinismo tecnologico, in cui vengono chiamate in causa, quali variabili indipendenti, a seconda dell'epoca, strumenti quali la radio, il cinema o il telefono, piuttosto che la televisione o i nuovi media; oppure a un determinismo opposto in cui vengono ripresi motivi causali più tradizionali come la secolarizzazione e la scomparsa di riferimenti etici più o meno trascendenti, il crollo dei valori familiari, lo sviluppo economico e il consumismo, il conflitto politico, generazionale e così via.

Il sociologo francese Paul Yonnet, dal canto suo, in un volume tradotto in italiano dal piccolo ma sempre attento ed elegante editore campano *Ipermedium libri* (Paul Yonnet, *La ritirata della morte*), presenta una tesi particolarmente innovativa ed efficace: ogni tentativo di analisi della modernità occidentale è destinato a restare parziale – egli sostiene – se non si comprende un presupposto divenuto assolutamente universale e sul quale si basa tutta l'organizzazione collettiva di questo tipo di società, a partire dalla costituzione della famiglia fino a giungere alla più complessa delle istituzioni. Tale presupposto è da ricercarsi nel fenomeno epocale da lui definito *la ritirata della morte*.

Con questa espressione Yonnet intende riferirsi – come sintetizza efficacemente il curatore dell'edizione italiana, Antonio Cavicchia Scalamonti – a quella profonda transizione demografica che ha determinato la quasi scomparsa della mortalità infantile, cui si è affiancata la notevole diminuzione della mortalità dovuta al parto. A partire da questo fenomeno, sostiene Yonnet, tutta una serie di indicatori convergono e spiegano molte delle più originali e inedite caratteristiche dell'attuale società. Si va dalle trasformazioni della struttura e delle funzioni della famiglia, passando per le metamorfosi nella condizione femminile e paterna, all'emergere di una nuova psicologia delle età e dei sessi, alla trasformazione dell'adolescenza, fino allo straordinario riadattamento statistico tra *fecondità* e *mortalità* che sta completamento modificando l'antropologia del nostro mondo attuale.

A proposito di quest'ultimo tema, forse il più significativo e problematico tra quelli analizzati in questo prezioso volume, il sociologo francese individua tre stadi della storia della progressiva riduzione della fecondità: il primo, che egli definisce della riduzione *attraverso* il *matrimonio ritardato*, avrebbe caratterizzato in particolare la Cristianità medioevale; il secondo – della riduzione *nel matrimonio*, è quello che ha regolamentato la fecondità fino all'avvento dell'ultimo periodo, quello attuale, in cui la fecondità viene controllata grazie alle tecniche contraccettive e all'aborto, dando vita – tra le conseguenze principali – all'emergere di una nuova tipologia di individuo, unica e assolutamente inedita: il *figlio desiderato*.

In estrema sintesi, se la finalità dell'istituzione-famiglia era un tempo quella di provvedere alla realizzazione di un equilibrato ricambio generazionale, oggi la sua funzione è completamente diversa: la riproduzione cambia senso, non è più un obbligo sociale e il figlio diventa quasi solo ed esclusivamente un "figlio desiderato", ovvero voluto e programmato in modo molto razionale. Su di lui si investe, e tale investimento rappresenta un chiaro indicatore di un diverso orientamento psicologico della famiglia. Se a questo fenomeno aggiungiamo quelli già accennati – e che Yonnet descrive facendo riferimento a un ricco insieme di dati, tra cui, non ultimo, l'allungamento della vita media – ecco emergere ulteriori significative trasformazioni, come ad esempio l'impressionante concentrazione statistica della morte nelle età avanzate e la conseguente completa ridefinizione delle età della vita. Il culto della gioventù – frutto maturo di questi nuovi orientamenti – si sposa con la nuova costruzione temporale in cui il futuro fa oramai agio sul passato, l'autorità e il prestigio degli anziani seguono la generale valorizzazione della tradizione, e la gioventù, intesa come proiezione nel futuro e anche come periodo di formazione e preparazione per l'esistenza, viene sostanzialmente mitizzata e presa a modello anche dagli stessi anziani.

Una delle conseguenze più sconcertanti dell'intero processo sembra essere in conclusione l'emergere di nuove generazioni che si sentono sempre più legittimate a coltivare una perenne immaturità, accompagnata da un delirante sentimento di immortalità. "Il figlio è allevato come un immortale in un mondo di immortali" – chiosa Yonnet – e dietro questa negazione della morte si rivelano però, assumendo forme sempre più preoccupanti, atteggiamenti che tradiscono tutta la loro acerbità, quali l'esaltazione per il benessere fisico e il terrore per ogni forma di malattia, il consumo ossessivo di morte negli spettacoli televisivi sia di fiction che di informazione, così come molti dei comportamenti al limite della patologia legati ai videogiochi e al gioco d'azzardo, al consumo di alcol e di droghe, alla paura talvolta anche maniacale di essere lasciati soli o di non essere sufficientemente, appunto, *desiderati*.

L'immortale compagna di viaggio

Una recensione a La morte,
di Antonio Cavicchia Scalamonti

Ogni studioso che si rispetti si trova a dover affrontare, lungo tutto il corso della propria esistenza, le sue più o meno ricorrenti ossessioni. Una di quelle con cui Antonio Cavicchia Scalamonti ha dovuto più spesso fare i conti è stata certamente la lugubre ossessione della morte. Già dalla fine degli anni Settanta, sulla scia dei più significativi lavori sull'argomento dei quali si cominciava proprio in quel periodo a discutere negli Stati Uniti e nei principali paesi europei, lo studioso napoletano, nei suoi primi saggi, aveva con molta acutezza individuato nella morte uno degli indicatori privilegiati per lo studio della società occidentale moderna. A distanza di circa trent'anni, a seguito di continui e sempre più raffinati approfondimenti, che lo attestano oggi come uno dei più autorevoli referenti italiani su questo tema, Cavicchia Scalamonti ha dato alle stampe un volume che pone ancora una volta la morte come nucleo intorno al quale far ruotare una serie di originali analisi sociologiche sulla nostra cultura.[54]

Essendo oramai considerata una delle variabili fondamentali per lo studio del comportamento collettivo, la sociologia della morte è divenuta un settore molto esteso delle scienze sociali, all'interno del quale è possibile ritrovare studi che spaziano dall'analisi di tipo storico-sociologico sull'evoluzione della visione della morte nelle diverse società, a quelle di orientamento più marcatamente socio-antropologico, maggiormente interessate a proporre riflessioni basate su ricerche (anche empiriche) di tipo comparativo tra i vari modi di vedere la morte nell'ambito di collettività diverse per cultura, tradizione, epoca storica, collocazione geografica e così via. E ancora, possono ricadere sotto l'ombrello di quest'ambito disciplinare tutte quelle ricerche che tendono ad assumere come oggetto di studio le *modalità collettive* ("i rituali" – da quelli tradizionalmente intesi a quelli "mediati" dalle nuove tecnologie della comunicazione) elaborate per "affrontare" i morti e i morenti, i morti e i loro congiunti, i morti e i loro corpi, le loro tracce, la loro memoria.

Ma esiste anche un altro filone di studi da far rientrare nell'alveo di una sociologia della morte o, forse meglio, di una sociologia *della cultura* della morte, e che non si riferisce tanto a quegli aspetti della mentalità

---

[54] Antonio Cavicchia Scalamonti, *La Morte. Quattro variazioni sul tema*, Ipermedium libri, Napoli, 2007.

umana e a quelle pratiche collettive che apertamente ed esplicitamente
si richiamano ai fatti e alle concezioni della morte e della mortalità,
quanto soprattutto a quei lavori che cercano di sottoporre ad indagine
la presenza della morte (vale a dire la conoscenza consapevole o rimos-
sa della mortalità) nelle istituzioni, nei rituali e nelle credenze umane
che, a giudicare dalle apparenze, svolgono esplicitamente e
consapevolmente funzioni totalmente diverse, prive di relazioni con le
preoccupazioni normalmente indagate negli studi dedicati alla sociologia e alla storia della morte e del morire. Ed è nell'ambito di questa tipologia di studi che si inserisce quest'ultimo lavoro.

Come molti tanatologi anche Cavicchia Scalamonti sembra concordare
sul seguente aspetto: la modernità occidentale si contraddistingue, tra le
altre cose, per un suo evidente rifiuto nei confronti della morte. Detto
in altri termini, la *forma mentis* o l'Universo Simbolico peculiare di questo tipo di società non riesce in alcun modo ad inserire il concetto di
morte all'interno delle proprie coordinate interpretative della realtà.
Certo, la si studia di più, il che costituisce un importante indicatore,
seppur alquanto ambiguo. "Da una parte – egli ha scritto – può signifi-
care una maggior presa di coscienza, dall'altra un ennesimo modo di
esorcizzare – oggettivandola e neutralizzandola nello studio – la morte
stessa".

È comunque un dato di fatto indiscutibile che se la morte venisse in-
serita negli ambiti "normali" della vita di tutti i giorni, se venisse cioè
lasciata penetrare senza quei filtri che contribuiscono a tenerla "ai margini" dei discorsi e delle pratiche quotidiane, la nostra visione del mondo muterebbe profondamente. Jean-Paul Sartre ha espresso magistralmente questo concetto attraverso le celebri riflessioni del condannato a
morte Pablo Ibbieta, protagonista de *Il Muro*:

> *Nello stato in cui mi trovavo, se fossero venuti ad annunciarmi che*
> *potevo tornarmene tranquillamente a casa mia, che mi avevano gra-*
> *ziato, la cosa mi avrebbe lasciato indifferente: qualche ora o qualche*
> *anno d'attesa è assolutamente la stessa cosa, una volta che si è per-*
> *duta l'illusione d'essere eterni. Non tenevo più a niente, in un certo*
> *senso, ero calmo. Ma era una calma orribile, a causa del mio corpo:*
> *il mio corpo, io vedevo coi suoi occhi, udivo con le sue orecchie, ma*
> *non era più me; sudava e tremava da solo e non lo riconoscevo più.*

Ero costretto a toccarlo e a guardarlo per sapere cosa gli succedeva, come se fosse stato il corpo d'un altro.[55]

Per poter mantenere la morte ai suoi confini, la nostra società ha adottato, evidentemente, una serie di strategie: strategie collettive più o meno istituzionalizzate messe in atto dagli attori sociali al fine di creare quegli schermi protettivi necessari ad attutire lo sconvolgente impatto potenziale della morte.

Come dei fedeli tifosi della nostra squadra di calcio del cuore, noi tutti, più o meno convinti, abbiamo imparato ad affidarci all'allenatore che, di volta in volta, si assume le responsabilità di gestire la tattica più opportuna per affrontare l'avversario. Beninteso, in genere è una partita – quella con la morte – che si cerca di evitare o di rimandare finché si può. Ma se proprio bisogna affrontarla, allora le strategie adottate possono essere – proprio come nel calcio (o nello sport in genere) di difesa o di attacco. Nel primo caso, si prova a collocare il nostro avversario ai margini della società, alla periferia della nostra coscienza collettiva.

Queste strategie di difesa sono di nasconderla, di evitare di parlarne, rinviando e posticipando quanto più è possibile ogni riferimento al tema e a colui o coloro che potrebbero suggerirne una qualsivoglia rievocazione. Quando proprio non se ne può fare a meno, allora si comincia a prenderla in considerazione, a parlarne seriamente, assumendone la reale esistenza per paragonarla ad un avversario razionalmente forte, fortissimo, praticamente invincibile d'altro canto, però, si indebolisce la sua potenza (e prepotenza) neutralizzandolo affettivamente.

Secondo Cavicchia Scalamonti la più efficace delle strategie che l'uomo occidentale ha elaborato a partire dalla modernità per tenere ai margini la morte, è consistita fondamentalmente nell'accettare – o, meglio – nell'arrendersi alla tranquillizzante ricchezza del quotidiano. In particolare, tale strategia è strettamente connessa all'abbondante ricchezza materiale prodotta dal prorompente e pervasivo modello consumistico intorno al quale si è venuta strutturando la realtà da cui egli è attualmente circondato. È la *routine*, è l'immergersi in questo dilagante

---

[55] J.-P. Sartre, *Il muro*, Einaudi, Torino 1981.

insieme di oggetti materiali e immateriali ciò che in gran parte ci tranquillizza.

È però anche vero che, purtroppo – e spesso in modo imprevedibile – ogni tanto questi margini, queste dighe, questi "filtri" si frantumano e cominciano a venir fuori delle crepe. Basta poco, basta lo sguardo preoccupato di un medico, basta una diagnosi infausta, a volte anche un piccolo dolore che non ci si riesce a spiegare razionalmente. Oppure, peggio, basta una morte improvvisa, inattesa, di un altro, soprattutto di un *altro significativo*, allora la nostra visione della vita (e della morte!) viene profondamente sconvolta, talvolta in maniera anche radicale.

È a questo punto che si rendono allora necessarie delle strategie di attacco dell'avversario. Il modo storicamente più elaborato e fecondo di attuare tali strategie è stato quello di cercare di negare l'evidenza dei "fatti", proponendo una qualche mitologia dell'immortalità, un mito della "vita dopo la morte", empiricamente testimoniato dalla diffusione di una serie praticamente indefinita di "culti dei defunti", a loro volta derivanti dall'uso tradizionalmente trasmesso di seppellire i morti e di affiancarvi segni e simbologie di un mondo trascendente.

Man mano che i reperti archeologici si fanno più frequenti e chiari, e cioè in epoca protostorica, i concetti di immortalità e di vita ultraterrena appaiono profondamente consolidati in tutte le civiltà, come se le loro origini fossero molto più antiche e universali: ciò risulta sia dalla ricostruzione dei costumi dei popoli che ci hanno lasciato sufficienti tracce, sia, in modo inequivocabile, dai testi fino a noi direttamente o indirettamente pervenuti. (...). Nelle antiche culture storiche – mesopotamica, egizia, fenicia o greco-romana – erano contemplati più tipi di immortalità, e quindi di immortali, caratterizzate da natura e ontogenesi diverse. Il primo tipo riguardava (...) esseri costituzionalmente non soggetti a morire, le divinità (...). Il secondo tipo di immortalità era, invece, proprio dei morti che avevano attraversato l'Acheronte, o le equivalenti porte del mondo dei defunti; essi erano immortali nel senso che non potevano più morire, essendo già morti (...). Oltre a queste due forme di immortalità, che possiamo chiamare entrambe celesti, i più ambiziosi tra gli uomini ... ne hanno perseguito una terza, del tutto umana: la perpetuazione di se stessi nella memoria dei posteri. Si tratta indubbiamente anche in questo caso di una forma astratta, che non pretende di allungare di un solo respiro il naturale ciclo biologico, ma più riscontrabile di quelle dell'anima o degli dei: ne è dimostrazione il vivo ricordo dei grandi del passato o dell'immagine dei propri cari estinti (...). Oltre ai tre fin qui citati, l'uomo ha escogitato un quarto tipo di immortalità, il più umano di tutti; quello ottenibile con il ricorso a pratiche o rimedi prodigiosi, in grado di conferire la perfetta salute, l'invulnerabilità e anche l'eterna giovinezza.[56]

Al di là di questo tentativo di classificazione delle diverse possibili tipologie di immortalità storicamente proposte, è possibile ancor più sinteticamente sostenere ai nostri fini che le diverse culture, oltre ad aver costituito gli "strumenti" essenziali per garantire la sopravvivenza e la perpetuazione del genere umano, sono anche state – mi si perdoni la necessaria forzatura semplificatrice – il risultato di quella che qualcuno ha definito una sorta di "autoinganno", ovvero un'*illusione collettiva* di cui gli uomini hanno avuto bisogno per potersi affermare in quanto specie.

Se, per quanto genericamente esposte, siamo disposti ad accettare tali ipotesi, è possibile altresì sostenere che ogni società umana è sempre stata fondata su una cultura che, in un modo o nell'altro, ha finito per legittimare questa sorta di autoinganno derivante dal bisogno umano di immortalità. Tale atteggiamento, a sua volta, si è sempre manifestato in ogni tempo e in ogni luogo, attraverso delle forme che potremmo definire (in senso idealtipico) dicotomicamente variabili tra un modello di tipo *magico-religioso* ed uno di tipo *razional-scientifico*. È ovvio che l'autoinganno che questi due modelli ideali celano, si rivela pienamente soltanto se si considera il loro contributo alla comprensione della finitezza dell'uomo, alla sua morte, anche se in realtà esso pervade e sostiene tutta la cultura della società in cui si manifesta.

In quello che abbiamo considerato essere il primo modello, viene riconosciuto che l'uomo è sempre (o quasi) per sua natura immortale e che, se ciò non appare evidente è solo per ignoranza, mancanza di fede

---

[56] E. Boncinelli – G. Sciarretta, *Verso l'immortalità? La scienza e il sogno di vincere il tempo*, Raffaello Cortina, Milano 2005, pp. 22-27.

o di volontà di sottomettersi ad una qualche dottrina di derivazione sacra o trascendente di tipo prescrittivo. Ci sono – è quasi pleonastico dirlo – innumerevoli varianti, che è però possibile accomunare in base al seguente aspetto: l'uomo, se inserito a pieno titolo nella comunità, se ne rispetta cioè tutte le prescrizioni di derivazione trascendente, non è un essere destinato a "finire". La morte, dunque, non esiste! Al limite essa è qualcosa di relativo a questo mondo, alla realtà profana e materiale. Si tratta in questo caso di una *immortalità assegnata*.

Il secondo modello, invece, una volta accertato razionalmente che l'uomo è un essere destinato alla morte, propone un altrettanto razionale contrappunto, direttamente derivato da una legge – quella del *progresso* – nei confronti della quale l'atteggiamento generalizzato non si discosta poi tanto da quello della vera e propria fede.

Se l'uomo "crede" e si sottomette adeguatamente a tale fede, egli sarà in grado di posticipare sempre più il momento della sua morte, fino ad un tempo praticamente indeterminato. *A meno che*, a meno che non intervengano degli imprevisti, degli inconvenienti, come ad esempio potrebbe essere un incidente o una malattia (che comunque si ritiene, in base alla "fede" suddetta, dovrebbero essere sempre più prevedibili ed evitabili).

Almeno in linea di principio, nulla potrebbe impedire a questa posticipazione, a questa indefinita estensione temporale legata all'idea di progresso, di divenire a sua volta "infinita" e condurre così l'uomo – quanto meno in teoria – all'eternità. Possiamo parlare, in tal caso, di una *immortalità acquisita*.

Gli strumenti simbolici utilizzati da coloro che hanno fatto ricorso a tali modelli sono stati i più diversi, ma anche per essi è possibile trovare due "tipi ideali": nel primo, essi sono strumenti di tipo magico-religioso, comunque legati a ritualizzazioni della realtà che avevano come punto di riferimento un mondo trascendente, generalmente sacro; il secondo modello ha invece utilizzato sin dagli inizi gli strumenti che la scienza gli poneva a disposizione, i più potenti dei quali sono diventati oggi quelli della "scienza per eccellenza", la medicina, che hanno finito per invadere gran parte della vita quotidiana della società occidentale moderna.

Per cui, in sostanza, la *cultura della morte* si è sviluppata attorno a quattro nuclei tematici di fondo, La morte e l'individualizzazione, la morte e la percezione temporale, la morte e la memoria, la morte, insomma, e l'immortalità. Nuclei che Antonio Cavicchia ripercorre nel suo libro dedicando ad ognuno un capitolo.

La profondità dell'analisi e la ricchezza della documentazione; l'abilità con cui dialoga e fa dialogare tra loro autori e discipline diverse, e soprattutto la chiarezza con la quale orchestra le delicate componenti della sua opera potrebbero destinare questo volume a diventare col tempo una sorta di classico degli studi sociologici sulla morte, in un panorama nel quale la letteratura (specializzata e non) propone troppo spesso titoli talvolta approssimativi, seguendo d'altra parte una tendenza dettata dalle esigenze di presentificazione, superficialità, velocità che caratterizzano la nostra cultura attuale, per una serie di motivi che peraltro il libro stesso riesce ben a spiegare.

Il giovane Vilnius
Una recensione a Aire de Dylan, di Enrique Vila-Matas

Qualunque sia l'argomento, per quanto siano numerosi i temi trattati, o complessi gli intrecci delle trame proposte, quando si legge un libro di Enrique Vila-Matas si può essere ben certi di aver aperto una porta che potrebbe condurre verso la vita vera: quella dell'immaginazione. Con *Aire de Dylan*, ci troviamo di fronte ad una nuova dimostrazione della sua straordinaria capacità di consegnare, ad ogni lettore, il suo lasciapassare per quel mondo altro, quel mondo genuino che chiamiamo Letteratura. Sì, signori, questa è Letteratura: bisogna mollare gli ormeggi, diffidare di ogni certezza, dimenticare ogni nozione di logica cartesiana: benvenuti a bordo. La letteratura, come direbbe Céline, è *dall'altra parte della vita*; tutto è inventato, "tutto è un romanzo, nient'altro che una storia fittizia". Quello che ci attende, insomma, quando ci si appresta ad entrare nel mondo descritto da Vila-Matas, non è il consueto futuro, quello a cui ci avviciniamo in genere con l'ordinaria greve noia dei fatti, ma un eterno presente, quello descritto dalle grandi narrazioni, dalle mitologie, dalla poesia e dalla letteratura più vera.

Solo dopo questa premessa, e solo accettando fino in fondo questo assunto – che la Letteratura è *dall'altra parte della vita* – è possibile provare a tradurre in qualche modo le emozioni e le sensazioni prodotte dall'ultimo capolavoro di Vila-Matas in un discorso che prenda in considerazione questioni di tipo più analitico. Mi consentirò allora il privilegio di prelevare una serie di ingredienti (certamente ne tralascerò alcuni) che sono emersi dalla mia personale lettura, rimescolarli, e presentarne (certamente in una pietanza solo parzialmente gustosa) i possibili significati. Cominciamo dai protagonisti principali del romanzo: il giovane Vilnius Lancastre, figlio del defunto Juan Lancastre, scrittore di una certa fama. Una delle caratteristiche fisiche più rilevanti di Vilnius è quella di somigliare molto al mitico Bob Dylan; tra le altre caratteristiche connesse al suo stile comportamentale, c'è quella di essere una persona pigra, svogliata, senza pretese, abulico, indolente: insomma un tipico *Oblomov*. Il suo unico interesse sembra essere quello di portare avanti un progetto per la costituzione di un *Archivio Generale del Fallimento*, idea nella quale investe quelle poche energie che avanzano dal suo modo di fare eminentemente passivo, al quale affianca quella che forse è la sua unica, vera passione: il cinema.

Il motore delle vicende che fanno girare in modo molto originale il romanzo – nel più perfetto e inimitabile stile vilasmatiano – può essere a mio avviso ridotto sostanzialmente a due questioni, peraltro magistralmente intrecciate tra loro: il difficile rapporto tra il Lancastre padre e il Lancastre figlio; e la ricerca dell'origine, della primogenitura, della paternità – appunto – di una celebre frase recitata in un film di Frank Borzage del 1938, *I tre camerati*. La frase in questione è la seguente: "Quando fa buio abbiamo sempre bisogno di qualcuno" e viene da Vilnius attribuita in un primo momento a Francis Scott Fitzgerald, sceneggiatore del film. Successivamente, però, Vilnius scoprirà che gli sceneggiatori erano stati addirittura otto, (e che inoltre c'era probabilmente stato anche un intervento del produttore stesso). In sostanza si tratterà di un ulteriore fallimento: è impossibile risalire alla paternità di quella frase, così come sarebbe comunque impossibile risalire alla vera *origine* di una qualunque produzione artistica.

La storia prende avvio da un congresso di scrittori in cui dove Vilnius incontra l'io narrante, che lo accompagnerà poi fino al termine dalla storia. Si tratta di uno scrittore che in passato aveva conosciuto suo padre. Uno scrittore pentito, come egli stesso confessa, addirittura "quasi addolorato" per tutti i libri che aveva pubblicato nel corso della sua vita. Il giovane Vilnius lo convince a recedere dalla sua decisione di non voler più scrivere alcun libro, e gli propone di redigere una biografia di suo padre: "la storia di come un lutto può generare una nuova famiglia a un defunto; la storia, anche di giovani poetici e malati, Oblomov paventati, persi nel vuoto culturale della loro terra e con tendenza ad essere, fino a limiti insospettabili, sfaticati e refrattari allo sforzo; una storia di lutto e abisso". Ed è proprio dal riferimento ad alcuni momenti di questa biografia che emerge un altro personaggio che si può dire svolga un ruolo chiave nelle vicende narrate da Vila-Matas: si tratta della madre del protagonista, presentata come il prototipo della cattiva madre, un vero e proprio mostro, su cui pende peraltro il sospetto di aver complottato, in accordo con il suo amante, l'assassinio del padre di Vilnius.

Al di là dell'intricato dispiegarsi delle vicende, e delle caratteristiche specifiche di questi personaggi principali, attraversano la storia altre importanti e più o meno fugaci figure, le quali finiscono per provocare nel lettore una serie continua di accattivanti suggestioni che richiamano alla mente alcuni momenti, a tratti anche esilaranti, della storia della letteratura, del teatro, del cinema, nonché della musica: oltre agli ovvii richiami ad Amleto ed Oblomov, ci sono ad esempio Bob Dylan e Agatha Christie, Woody Guthrie, Marlowe e Marcel Duchamp, nonché il ricorrente richiamo al motivo musicale di *Under the Mango Tree*.

Insomma, come dicevo, un libro vero e anche, volendo rispettare quanto detto in premessa, *sincero*. Perché – come direbbe Emmanuel Bove – "non c'è sincerità possibile se ci si accontenta di imitare la natura".

Contemplazioni
Recensione a La contemplazione, di Edgar Borges

"Ti è mai capitato di perderti il giorno? Ti sei mai chiesto dove mi trovo e cosa ci faccio qui? E quel che è peggio, ti sei mai svegliato con la strana sensazione di non sapere in realtà chi sei? E confondi il tuo io con quello degli altri; ti si intrecciano le storie e non riesci a definire chi le vive e chi le racconta. Ogni secondo implodi e dentro di te muoiono in molti".

Questo è l'incipit di uno dei più bei capitoli de *La contemplazione*, romanzo di Edgar Borges da poco pubblicato in italiano. È facile intuire perché Enrique Vila Matas, nel presentarlo al pubblico spagnolo, affermasse che leggere questo libro fosse un po' come "perdersi nel labirinto delle identità dimenticate".

Edgar Borges è uno scrittore venezuelano che sembra possedere tutte le potenzialità per poter essere collocato su quella stessa straordinaria scia dei grandi narratori latinoamericani del Novecento. Da anni seguo ed apprezzo la sua produzione, da quando, per puro caso, mi sono imbattuto in uno dei suoi testi forse meno organici, ma certamente tra i più ricchi di spunti e riflessioni di pregevole originalità. Mi riferisco a *Cronicas de bar*, una raccolta di ventuno resoconti su altrettanti bar della regione asturiana, che Borges aveva in origine redatto per un giornale locale, prima di avere l'ottima idea di raccoglierli in un volume.

Il grande fascino che fin da subito questo scrittore riesce ad esercitare sul lettore risiede probabilmente nella inconsueta modalità attraverso cui è in grado di tenere insieme alcuni dei principali temi della grande letteratura: la creatività, l'audacia, la capacità di stupire il lettore, ma anche una lucida e mai banale messa in gioco della tradizione letteraria alla quale più o meno consapevolmente si appartiene. E nel caso di Borges questa tradizione si può evincere chiaramente proprio dai frequenti, per quanto mai pedanti, riferimenti ai maggiori interpreti dai quali evidentemente trae ispirazione.

Nelle sue *cronache* assistiamo infatti, amalgamate dalla comune partecipazione a quei *confessionali democratici* che sono i bar, alla messa in scena di molteplici storie in cui si incrociano personaggi ordinari, con le loro esperienze quotidiane di sesso, arte, scienza, sport, musica, politica ed altro, in un dialogo continuo con altre narrazioni di personaggi molto meno ordinari, quali Fernando Pessoa, Robert Walser, Georges Perec, Julio Cortazar, Thomas Pynchon, Claudio Magris e Peter Handke; ma anche Salvador Dalì e Toulose-Lautrec, piuttosto che Carlos Gardel, Charlie Parker o Ruben Blades.

Insomma un turbinio di narrazioni, in un certo senso una piccola lezione di letteratura, che ricorda molto da vicino l'opera di maestri anche contemporanei come Roberto Bolano e lo stesso Enrique Vila-Matas.

Proprio quest'ultimo, avrei scoperto in seguito, approfondendo grazie ad Internet la conoscenza di Edgar Borges, all'epoca ancora del tutto ignoto al pubblico italiano, aveva parlato dello scrittore venezuelano come uno di quelli che ama considerare la letteratura come un *complotto contro la realtà*, individuando nel suo romanzo *La contemplazione* un'opera a suo dire di singolari potenzialità.

Convinto definitivamente anche da questo tipo di considerazioni, e dopo essermi dedicato alla lettura de *La contemplazione* e di altre sue opere (tra le quali la più recente e imperdibile *El hombre no mediatico que leia a Peter Handke*), ho deciso così di proporne al sempre attento Editore Lavieri la traduzione italiana.

Questo l'antefatto.

Veniamo ora più nello specifico ai contenuti del romanzo. *La contemplazione* è una di quelle opere che può essere letta da diversi punti di vista, anche intercambiando più di una volta le possibili prospettive nel corso delle sue inevitabili riletture. Quella che mi ha suggestionato maggiormente e che personalmente suggerisco (fermo restando che ogni lettore, compreso lo stesso autore, potrebbe fornirne a sua volta una propria legittima prospettiva, anche del tutto diversa dalla mia) concerne la storia di una donna (che però potrebbe essere anche un uomo o un transessuale) che viaggia in un treno alla ricerca della persona di cui è innamorata, diretta verso una fantomatica strada, la *calle 11*. In questa strada, di una peraltro non meglio specificata città, si verificano odiosi omicidi ai danni di immigrati, omosessuali ed emarginati. Per far fronte al panico che si va diffondendo in città, le istituzioni incaricano due poliziotti – l'ispettore Chapman e il detective Colussi – di seguire da vicino il caso. E così questa storia principale che percorre il libro viene ad intrecciarsi con la narrazione degli eventi riguardanti le indagini della polizia e i diversi personaggi che, per una ragione o per l'altra, ne restano coinvolti.

Uno di questi personaggi è però anche l'autore di un romanzo – *La contemplazione*, appunto – che qualcuno, per motivi misteriosi, ha rubato prima della sua pubblicazione. Ed è proprio intorno alla storia narrata in questo racconto (nel racconto) che si rende possibile un ulteriore intreccio narrativo che si staglia nel romanzo, in cui i personaggi sembrano perennemente avvolti in un'atmosfera kafkiana (la presenza del grande genio praghese – autore di un testo intitolato appunto *Contemplazione* – all'interno della struttura del racconto, è peraltro anche dichiaratamente proposta più volte dallo stesso Borges durante la narrazione).

Ovviamente però, come accade sempre con la vera letteratura, il libro di Edgar Borges non è soltanto questo: non si tratta solo della narrazione di un viaggio in treno che sembra non finire mai, né soltanto di una serie di eventi intervallati a riflessioni teoriche e morali (*contemplazioni*); non si tratta solo di omicidi apparentemente senza senso, né delle peripezie di un transessuale per sopravvivere in un universo onirico in cui tutti sembrano essere al contempo assassini e vittime; o ancora, non si tratta solo di uno scrittore compulsivo e di una coppia di immigrati con una strana bambina che riceve delle inspiegabili lettere.

Edgar Borges è infatti uno scrittore coraggioso, che non teme di proporre ai suoi lettori quelle che sono le sue interpretazioni e anche i suoi giudizi di valore rispetto ad alcuni dei grandi paradossi che caratterizzano le società in cui viviamo. È per questo che, personalmente, non collocherei Edgar Borges tra gli scrittori della "Literatura Fantástica" ma piuttosto all'interno della grande tradizione realistica, sebbene non naturalista, considerato che la sua concezione letteraria della realtà comprende il sogno e la fantasia come ambiti imprescindibili dell'esperienza umana.

La contemplazione – come sostiene ad un certo punto del testo la protagonista del romanzo – può avere sia un suo versante negativo, ovvero "la contemplazione come stato di complicità, come modo di vedere la tragedia con le braccia incrociate, di sedersi a osservare il dolore con un bicchiere di vino in mano"; sia anche un suo versante di tipo positivo, che è quello della contemplazione artistica della bellezza: in tal senso "si contempla l'infanzia, un ricordo, un dipinto, una fotografia, un libro, un amore… un paesaggio".

Ed è nella presentazione di queste riflessioni che Edgar Borges dimostra quanto la Letteratura possa contribuire ad un'analisi non convenzionale della società contemporanea e svelare, con le armi che le sono proprie, i pericolosi e a volte impercettibili sintomi di un degrado culturale dalle molteplici e insidiose sfaccettature. Perché la Letteratura, come l'arte in generale, non dovendo chiedere permesso alla realtà per poter esistere, è in grado di trasformarsi in uno straordinario strumento per mettere in scena i meccanismi più occulti del sistema sociale in cui siamo irretiti; una sorta di dispositivo per aprire quelle porte che la normalità tende a tenere socchiuse.

Il delirio di credersi uno scrittore

Un mio caro amico, Ricardo Montero,[57] sostiene che gli esseri umani si possano classificare in due categorie: quelli che dividono gli uomini in due categorie e quelli che non lo fanno. Appartenendo al primo gruppo, egli afferma di conseguenza che anche gli scrittori siano di due tipi: quelli che fanno ricorso a un metodo paradigmatico, o logico-scientifico, e quelli che invece utilizzano una narrazione di tipo letterario. I primi, abbracciano un sistema descrittivo ed esplicativo formale, ricorrono alla categorizzazione e alla concettualizzazione, finendo col produrre teorie, analisi rigorose, argomentazioni e scoperte empiriche che poggiano su ipotesi attentamente ragionate. I secondi generano invece racconti, drammi avvincenti e quadri teorici credibili, sebbene non necessariamente veri. Questi due tipi di scrittori sono irriducibili gli uni agli altri: gli uni hanno a che fare con la verità e la realtà, gli altri con la verosimiglianza e l'esistenza. E quest'ultima non è necessariamente limitata alla verità di ciò che si è effettivamente realizzato, ma – come scrive Milan Kundera – "è riferita al campo delle possibilità umane, di tutto quello che l'uomo può divenire, di tutto quello di cui è capace".

Evidentemente Ricardo Montero non ignora che già nel 1795, in un suo celebre saggio, Friedrich Schiller aveva anch'egli suddiviso i poeti in base a due tipologie: gli ingenui e i sentimentali. I primi, sarebbero coloro che scrivono in modo quasi inconsapevole, sulla scorta di un impulso istintivo, che non considerano eventuali critiche o conseguenze sociali del loro operare; i secondi, invece, scrivono in modo assolutamente consapevole, attenti ai metodi e alle tecniche da mettere in atto, angosciati dalle possibili conseguenze del prodotto del loro ingegno. I primi si sentono in qualche modo ispirati da un dio, dalla natura stessa o da una qualche entità minore ma non meno straordinaria (un Genio, appunto), mentre i secondi, si ritengono semplicemente geniali (con la g minuscola), ingegnosi, e si preoccupano di mettere tale capacità al servizio della società in cui vivono, e delle conseguenze che il loro agire potrebbe avere sulla realtà in cui operano.

---

[57] Gianfranco Pecchinenda, *Essere Ricardo Montero*, Lavieri, S. Angelo in Formis (CE) 2011

Io, diversamente da Montero, sento però di appartenere più modestamente alla categoria di coloro che preferiscono non dividere gli scrittori in due categorie.

Sono fatto così: non riesco a tracciare linee di demarcazione nette, tipologie precise, suddivisioni invalicabili. Amo troppo le sfumature, le incertezze; non riesco a non alimentare ogni mio possibile dubbio. Non nego che le categorie indicate possano essere in qualche modo utili, ma l'essenziale di ogni processo di scrittura, quello che cioè accomuna secondo me tutti coloro che decidono di essere scrittori, è quel sentimento di costante incertezza, quella sorta di indecifrabile sospetto nei confronti della realtà, che produce a sua volta un insopprimibile senso di insoddisfazione. Un sottile sentimento che, se alimentato da un'adeguata conoscenza letteraria, spinge a cercare di aumentare e diversificare le sfere di evasione ereditate dalla propria cultura, inducendo a generare nuove storie, nuovi mondi.

Si tende allora a collocarsi sulla scia dei grandi scrittori, di quei veri e propri maestri cioè che, in un determinato momento della propria esistenza, erano riusciti a meravigliarci, a stupirci: con una storia, un personaggio, o anche con una semplice frase. In fondo ogni vero scrittore cerca sempre di dialogare con i maestri che ammira, con i libri che ama. Ci si fa invadere da essi, li si ingoia, li si digerisce. Li si riproduce. I più bravi copiano, anche, dai propri maestri, perché – come sosteneva Thomas Bernard – solo copiando è possibile essere originali.Chi invece cerca di imitarli, è tristemente destinato a diventare un mediocre (esattamente come accade ad alcuni figli con i propri padri).

Uno dei grandi segreti del processo che spinge verso la scrittura, insomma, sembra essere proprio connesso a questa dinamica: mentre lo scrivere acquieta momentaneamente certe insoddisfazioni, accresce d'altro canto una perversa quanto affascinante forma di *stupore*: una sensibilità non conformista rispetto all'esistenza, un qualcosa che – piaccia o meno – rende coloro che scrivono più adatti e ricettivi nei confronti dell'infelicità e della malinconia. Una forma di afflizione che tanti grandi studiosi hanno provato in un modo o nell'altro a mettere in relazione al talento narrativo. Come ad esempio ha dichiarato il Nobel per la Letteratura Orhan Pamuk: "per diventare scrittore, pazienza e fatica non bastano: si deve anzitutto sentire l'impulso irresistibile a fuggire la gente, la compagnia, la consuetudine, la quotidianità e a chiudersi in una stanza".

Chi ha la pretesa di fare lo scrittore, chi vuole essere uno scrittore, deve però anche necessariamente inventarsi "un altro", un individuo che si assumerà il dovere di scrivere le sue opere. Un altro di cui finirà prima o poi per diventare schiavo. Un altro che vivrà in solitudine le sue angosce, seduto a un tavolino, mentre lui si dovrà preoccupare di fare la spesa, pagare le bollette, gestire la quotidianità.

Come ha scritto da qualche parte Ricardo Montero – ancora lui – la cosa importante per uno scrittore non è tanto ciò che si scrive, i libri, gli articoli o i racconti, ma è quella specie di delirio che, invadendoti, ti porta a parlare da solo e che per certi versi costituisce un'ancora di salvezza: *il delirio di credersi uno scrittore*. Si tratta di una decisione radicale e assoluta. Chi scrive, dice in sostanza il mio amico Montero, deve diventare un altro. In questo momento *l'altro* sono io.

www.ingramcontent.com/pod-product-compliance
Lightning Source LLC
Chambersburg PA
CBHW062035280526
45788CB00003B/1014